Vision

一些人物，
一些視野，
一些觀點，
與一個全新的遠景！

醫師與生死

成功大學醫學院／第十四屆醫療奉獻獎特殊貢獻獎
趙可式教授◎著

【代序一】

生死的意義

「生」與「死」是人生旅程中最重要的兩個時刻；前者表示「開始」、後者表示「結束」，「生」與「死」之間則存在著「生命的意義」。以哲學的觀點來看，「看不到的未必不存在」，因此，有關「生前」及「死後」的各種理論相繼被提出。一個人對於「生死」的看法即是他「人生觀」的一部分。就醫療人員而言，「生」與「死」是可以藉由醫院內記錄下來的事故（Events）來判定的。在「生」的方面，隨著醫學的進步，新生兒學（Neonatology）已成為醫學的重要領域，照顧初生嬰兒方面，除了落後地區，已達相當高的水準；在「死」這方面，也有「安寧療護」（Hospice palliative care）對「臨終」病人給予有尊嚴且減輕痛苦的照護。雖然台灣在這方面起步較晚，不過，近年來可以看到醫界及社會對安寧療護的重視，是極為可喜的現象。

如何照顧「臨終」病人是一門綜合學識、經驗、人生觀並涉及社會文化層面的大學問，也是一種藝術。一九八〇年代，我在加州大學舊金山醫學中心（University of California at San Francisco）擔任心臟內科醫師，有一天一位病人的太太告訴我她先生已於一個禮拜前過世，並很誠摯的交給我她先生臨終前寫給我的一封信。看完那封信以後我頓時陷入低潮（Depression）。雖然她先生說一直很感激我照顧他的「末期心臟病」（End stage heart disease），但是每次在給我看診後，他心情都不好受，因為我對他的病情據實地表現出不樂觀的態度。他會這樣告訴我他生前的感覺，是希望我以後能想辦法幫忙其他類似的病人。這封信使我整個星期食不知味，而且無法好好入眠，後來我終於領悟出其中的道理來。之後，我對每個病人都給予正面樂觀的建議，讓他們帶著一些希望回家。一九九〇年代我到史丹福大學（Stanford University）擔任心電生理學科主任，有機會照顧更多末期心臟病的患者，在團隊的協助下為病人組成一個支持團體（Support group），每個月至少有三十至五十位病人及他們的親友一起到史丹福大學校園或校外公園，一邊野餐，一邊聆聽專家講演他們所指定的題目，例如，心理學家講如何保持愉快的心情、藥理學家談如何防止藥物治療所產生的副作用等等。這些病人及親友在支持團體內同病相憐，不再覺得孤獨寂寞。後來，從幾次演講時的照片上看到很多人生前歡聚在一起的笑容，使我的心中感到一絲安慰。一九八八年我父親不幸得了胰臟癌，六個月內病情惡化，這期間我由舊金山回國好幾次。我父親臨終的前兩、三個星期，我媽媽和我及我的兄弟妹討論到做不做急救的問題（ＤＮＲ：Do Not Resuscitate）。我反對插管協助呼吸，但建議應用藥物避免痛苦。然而我弟弟，他也是醫生，卻主張插管以延長生命。我們兩人雖然都是醫生，並且同樣地愛我們的父親，在這一點上卻有不同的意見，可見如何處理臨終的問題，確實值得我們好好地思考和研究。

不久之前我寫了一篇文章：〈醫病關係一定要視病如親嗎？〉，我認為「視病如親」不實際而且很難做到，「視病如友」反而比較可行。重要的是，醫師必須「術德兼備」，並負起「維護病人生命」的責任。能夠治療的就盡力去做，不能治療的也應幫病人尋找資源（如轉診）或其他解決方法。譬如，當你發現有些病人有精神上的問題時，就應幫忙他們找到一位你所信任的精神科醫師給予治療。以「邱小妹事件」為例，當時輿論對涉案的醫師大肆撻伐。我個人認為那兩位醫師若是判斷該院無法醫治邱小妹嚴重的腦部創傷，就得趕緊幫邱小妹安排轉診到其他醫院如台大、長庚或榮總，甚至親身陪伴她到轉診醫院並交代重點，這就算善盡責任。我們固然應該教育醫師要「負起責任」，但是報章雜誌過度著墨於醫師的醫德，反而把更重要的議題，即每年超過八千多件的「家暴」（Domestic violence）及「兒童虐待」（Child abuse）的個案這件事實忽略掉了。防治「家暴」及「兒童虐待」才是杜絕「邱小妹事件」再度發生最根本的處方。

趙可式老師目前是成功大學醫學院護理學系的教授，多年來擔負護理學、人文醫學及醫學倫理的教育，並全心投入「安寧療護」工作。除了成功大學以外，她還協助台灣多家醫院設立「安寧療護」住院及居家服務，並至中國大陸的醫院協助「安寧療護」醫護人員的在職教育。一直以來她都是衛生署在這方面的顧問，並因此於二〇〇四年獲得衛生署頒發的「醫療奉獻特殊貢獻獎」。在教學方法上，她也因所創的活潑啟發式（Vibrant and inspiring）教學法，獲得成功大學醫學院及成功大學全校的特優教師獎。此次她得到國科會研究經費所寫成的《醫師與生死》一書，更具特別的意義。本書除了包含她多年來從事醫學教育、安寧療護所累積的經驗，還加上她本人的現身說法。很多人可能不知道她是「帶病寫作」，雖在病中仍時刻不忘醫學教育者的職責。當她邀請我為本書寫序時，竟然談笑風生，置死生於度外，我只能勸她不要過度勞累。幾年前我曾反對她被當時的衛生署長邀請，到衛生署擔任副署長，因為我個人認為那個「官位」可能會埋沒她的知識和才能，反倒是如果某某大學的護理學院要她去當院長，我會舉雙手贊成，原因是做為院長，她可將她的醫護理念、生活態度活生生地呈現在更多學生及老師面前，進而引導出更多的典範（Role model），而那是我認為教育中最重要的一環。但趙老師不喜歡行政工作，仍心心念念臨床服務及教育下一代的意義，因此接受了我的勸告，仍堅持留守成功大學的教學崗位，做一位普通的教授。

這本書是趙老師用很特別的方法寫成的，她先訪談了五十六位分布在全國各地的各科醫師，蒐集他們對病人、親人或自己可能面對死亡的感受和行為反應，並將他們所說的話語，用「詮釋」的方式依項目分類完成。由自序中可看出她致力於「生死」的探討及奉獻在「安寧療護」的緣由。當然這跟她所秉持的信仰、愛人之心及價值觀有相當大的關聯。由第一章到第七章可看到醫生們由資淺到資深照顧臨終病人的心路歷程，其中包括醫生在「延續病人生命」或「減輕病人痛苦」中扮演的角色、對「安樂死」與「自然死」的看法、有無宗教信仰及不同宗教信仰間對生死看法上的差異、對小兒及成人臨終患者不同的感受等等，由過往的經驗來自我反省，並且學習如何與病人就臨終的問題進行溝通。

第八章以後則深入淺出地談到「安寧療護」真正的意義、其存在醫療體系的必要性及重要性、有關整體醫療經濟的考量、其在國內醫療環境中所面臨之困境。緊接著提出注重全民教育、醫護訓練、全人治療（Holistic care）、老師的言教及身教的建議。書中可以感受到每位醫師面對病人死亡時內心的掙扎，當中不少行為反應很值得探討，例如，醫師對病人的年紀、現實環境、文化習俗的考量，常會因個人的經歷而有所不同。

這本書不僅適合醫師閱讀，也可供其他醫護相關人員、教育界、有興趣的民眾了解有關生死所面臨之醫療問題，激勵整個國家社會建立對生死的正確看法並重視「安寧療護」所提供的臨終照顧，進而立法。期盼國人早日養成正確及積極的人生觀，進而達到生死兩相安的境界。

國立成功大學副校長暨醫學院院長　宋瑞珍

二〇〇七年六月

【代序二】

醫者之心

成功大學醫學院趙可式教授邀我為她的新書《醫師與生死》寫序，而有幸得以先睹其大作。趙教授以做研究的嚴謹態度，將其在國科會三年的研究計畫，對全國北、中、南、東醫學中心的五十六位醫師，詢問其有關對病人生死、對親人往生的經驗，以及這些醫生對自己將來死亡的看法與心理準備從事深度訪談，再利用質性分析，寫出這份相當豐富的本土資料。誠如趙教授在書中所言，「醫師這一行，是社會人人稱羨的行業。但是，又有誰能真正了解醫師生活中的辛勞與壓力？醫師天天與生、老、病、死為伍，扮演著救苦救難的角色，卻又不是神，不能治好所有病人的病，拯救所有病人的命。」她以醫療團隊的一員，挺身而出寫出這本大作，希望可以使醫學生、醫師增加對生死教育或臨終照顧教育的了解，同時也使醫療團隊的不同成員可以更加體貼了解彼此的想法，也幫忙一般民眾了解醫師的內心，而給予醫師更多的支持與鼓勵。同時她也希望讀了此書的病人或其親友，能協助他們於「醫與病」、「病與醫」間有良好的互動。趙教授也特別以一些篇幅討論醫師如何由死亡的經驗中反省、學習與溝通，而對生死有進一步的心得；並以醫學教育的眼光來討論臨終醫療的教育，而寫出「人本醫療」將由「修復」轉為「療癒」、由「治癒」轉為「照顧」、由「做」(doing for) 轉為「臨在」(being with)，由此介紹她本身具有深入研究的「安寧療護」，從中分別提出對醫師、醫學生及社會大眾的建議。最後別有用心地以「醫師的希望」為主題，提出對生死方面的醫學教育非常重要的建議。

由於趙教授希望這本書能影響的對象是如此的多元，而她又以忠於研究資料的學者作風來撰寫，恐怕有些讀者無法從頭到尾逐字細讀，以致半途而廢。因此我想奉勸非醫療專業或非基於研究興趣而選讀此書的讀者，可嘗試細讀每章節所提供之個案病史，去用心體會，以窺全貌，而後再選擇性地細讀自己有興趣或有疑問的地方，我相信不管是否醫學專業，如果能以這種方式先瀏覽全書，一定都能從這本書得到一些啟示。

在研讀此書的過程裡，我不禁想起過去有幸能夠更深入認識趙教授為人的三次機緣：記得我第一次參加高等教育評鑑中心舉辦的大學評鑑時，我與趙教授一起負責對某大學護理學系的評鑑工作。她要求該校護理老師將她本人當做病人，教導學生如何為住院病人洗頭，而後她再以病人身分的感受，與這位老師分享這種被服務的心得。當天我學會了如何真正貫徹「以學習成效來評估教學」的精神，同時也深深體會趙教授在護理學生實習方面的用心；第二次是在衛生署的醫學倫理委員會，有一次討論到台灣的民情，一般家屬都希望病人能在家裡嚥下最後一口氣。然而當病人即將過世，家屬辦理出院所簽署的都是一般醫院制式的「自動出院同意書」，其冰冷的措詞完全不適合這種場合，當時趙教授與我對此都發表我們強烈的看法，而最後由她主筆，再經過我們委員會一起討論，以及衛生署官員的修正，而有「住院病人臨終出院意願書」（二〇〇六年十月十六日衛生署公告）的問世。在這段討論中，我有機會感受到趙教授感情的細膩，真可堪稱為兼顧病人與家屬身、心、社、靈的醫療界楷模；第三次是去年台灣神經醫學會年會，以植物人為專題的醫學倫理討論會。趙教授談到醫學上勉強維持植物人毫無品質、毫無尊嚴的生命是沒有意義的。她以一個老人的實例，述說生命的最後旅程所遭遇到的長期煎熬，說到激動處，趙教授淚眼盈眶、聲淚俱下的說出，這一幕就是當年她眼睜睜看著至愛的父親過世前的經歷。會場一片沉寂，接下來掌聲如雷，這是令我最感動的一次演講。

幾個月前，當趙教授在電話裡告訴我她剛被罹患癌症時，我就一直非常關心她的病情，但又不好意思常打電話打擾她。想不到在最近一次有關臨終關懷的醫學教育會議裡，她重披戰袍、侃侃而談她所關心的話題，她最後一張的PowerPoint，最是感人。她說：「感謝天主！我學了安寧療護！我已是癌症病人，因此更能同感（Empathy）其他病人。從眾多病人身上學習、體驗了死亡，因此我不再恐懼死亡；當自己的死亡來臨時，我將從安寧療護之中平安歸回天父懷抱。」

但願這一場大病只是帶給她「藉口」可以停下她馬不停蹄的步調，好好整理思緒，為她所關心的安寧緩和醫療多寫幾部好書，而能夠永遠健康地繼續享受她由服務得到的快樂。

教育部醫教會　執行祕書　賴其萬

二〇〇七年六月二十七日

【代序二】

推動醫療人員生死教育的里程碑

我所認識的趙可式教授是個古道熱腸、積極進取的人，凡是她認為值得做的事，她總是義無反顧、全力投入。

趙教授曾數次被成大師生選為教學優良老師。過去幾年來，她在成大開授的「醫師與生死」與「從醫學看生死」這兩門課，一直是叫好又叫座。老師教學時必須要能顯現其熱誠才能感動學生，燃起他們學習的興趣和動機，在趙教授的課堂上，我總是感受到她散發出的一股難以抵擋的熱力。她的教材豐富生動，上課時常舉各種實例與學生分享，甚至帶學生到醫院太平間，讓他們實際感受死亡氣氛所帶來的震撼！學生們怕選不到她的課，總是爭先恐後的要求她多開放選課名額，課後都給予極高的評價。

死亡的話題之於國人一向是禁忌，少有人願意主動去觸碰，連醫療人員也不例外。因此雖然他們無可避免的會面對病人的死亡，但卻普偏缺乏處理臨終問題的訓練。等事情發生時，醫療人員生澀的表現往往引起病人家屬的誤解與不滿，甚至造成彼此間難以彌補的傷害。趙教授於本書中透露了她個人在十五歲時與死亡近距離接觸的經驗，以及初踏入臨床當護生時，所遭遇到的告知癌症病人病情的種種挫折感，這些早期的經歷轉化為原動力，使她這些年來不遺餘力的在國內外積極推動臨終病人「安寧療護」的服務與教育。她的努力與成果為她贏得了二〇〇四年衛生署「醫療奉獻特殊貢獻獎」。

趙教授計劃要出書，將她這幾年的經驗化為白紙黑字以供更多人分享、傳承，卻因為工作繁忙而一直無法如願。去年，當她知道自己罹患癌症時更感受到出書時間的迫切性，所以一等到病情穩定，就開始積極進行。這種無私無我的精神，真是令人敬佩！

這本書是以詮釋學的方法，整理、歸納了五十六位醫師的生死觀，以及他們在醫學生涯中面對病人死亡的親身體驗，編成這一套難得的本土「醫師與生死」的教材。趙教授大作的付梓不僅是她個人宿願的實現，也是台灣醫學界推動醫療人員生死教育的里程碑！更是台灣病患之福！

國立成功大學醫學院　院長　林其和

二〇〇七年六月

自序

三十八年前，當我就讀台大護理系三年級時，在一個外科病房實習，照顧一位四十多歲的肝癌病人，病人開刀時發現癌細胞已布滿整個腹腔，根本不可能清除，只好原封不動又縫合起來。病人的妻子要求醫師不要告訴病人實情，以免失去求生意志。因此手術後醫師每天查房都是匆匆拍拍病人的肩：「很好！很好！你的刀很成功，瘤已經拿掉了！等拆線就可以回家！」但是病人卻每天都摸著腹部向我訴苦：「醫師告訴我瘤已經拿掉了，怎麼我摸起來還在啊！而且好像比以前更大了？怎麼回事啊？我是不是長了不好的東西？」我只是一個卑微的三年級實習小護生，真的不知道要怎麼辦。住院醫師也能逃就逃，很少走到病人床邊。於是我斗膽請教主治醫師，誰知他說：「騙他啊！騙他一百次他就會相信了。」不知天高地厚的我竟敢反駁大主任的話：「但問題是你每天查房時騙他的話，他都不相信了！」主任怒道：「不相信？不相信就叫他出院！」小護生滿腹委屈，又心疼病人的驚慌，一路從醫院哭回宿舍，拿起筆來寫了一篇短文：〈該告訴絕症病人真相嗎？〉刊登在醫學院的週訊上，誰知竟引起醫學系同學及醫院年輕的住院醫師廣大迴響，醫學院也因此舉辦了一個「病情告知」的座談會。

當年那個敢與大醫師主任頂嘴的小護生走上了專門照顧末期病人的「安寧療護」，天天與臨終與死亡為伍，同時自己也成為癌症病人。從與醫療團隊及眾多醫師的合作，到自己接受多位醫師的醫治，並在醫學院為醫學生開設了數年「醫師與生死」的課程，這引起我深入探討「醫師與生死」議題的動機。於是申請了國科會的研究計畫，以質性研究法中的「詮釋學」方法論，訪談台灣北、中、南、東四所醫學中心的五十六位各科醫師，面對「他死—病人」、「你死—醫師的親人」、「我死—自己的死亡」時之感受、觀點，及行為反應，一解我當年對欺騙病人一百次的主任醫師之疑惑。

我十五歲那年，右邊內頸動脈上長了一個神經纖維瘤，雖然病理切片是良性，但因長的位置及腫瘤太大，手術時大出血及死亡的危險性極高。醫師告訴父親及姊姊手術的風險，但並未告知我，大家都認為十五歲還算小孩子，不要嚇到我。但是原來相當清貧的家庭，竟然讓我住台大醫院頭等病房，而且手術前姊姊買了一整盒的巧克力糖給我，就讓敏感的小心靈知道事情不對勁。因為以前都是姊妹們分吃一顆巧克力的，現在一個人擁有一大盒，大概是「快死的人才享有這種特權吧！」於是在手術的前夜，我偷偷寫好「遺書」，大意是，「親愛的爸爸媽媽：女兒不孝，先您們而去……希望您們不要太悲傷，要好好照顧自己……」等等。年代已久遠，我只記得以上這幾句。寫完遺書，塞在枕頭套中，想若我死亡，護理人員定會換床單，就可發現遺書了。

一大盒巧克力，就可使一個十五歲的小孩敏感得知自己疾病的嚴重性，何況是成人呢？醫護人員及家屬們，真的能體會病人的心理感受與想法嗎？醫學院能重視並教導學生這種屬於「人」而非屬於「病」的部分嗎？當年十五歲的我手術成功了，從恢復室推回病房後，我就摸出枕套中的遺書偷偷將之丟掉。然而術後第三天，隔壁病房突然傳來一陣嚎哭聲，原來與我長了一個相似腫瘤的十九歲男孩子，在手術後因大出血去世了。我看到蓋著白被單的遺體推車經過我的病房，後面跟著一群哭泣的家屬，後悔已經撕掉的遺書，想到「可能下一個就是我！」。

這是我第一次與死亡的近距離接觸。我心中有許多疑問，「人為什麼會死？」「為什麼那麼年輕就會生病？」「既然人會死，那生命有什麼意義？」「生病好苦，苦到最後就死掉了，那麼這些痛苦又有什麼意義？」「人死後到哪裡去了？」「如果我這次病好了，不死掉，但到有一天終究還是會死，那麼我要怎麼活呢？活到有一天可以快快樂樂地死去？」這是一個十五歲小孩的問題，但沒有一個大人能回答我，反而覺得我很麻煩。

我在六月開刀，術後身體虛弱，所以就休學在家。因空閒，小腦袋更是揮之不去地思考這些「生死大事」的哲學問題。到了十月，母親在久病後離開了人世。她在一個醫學中心，半夜三點多呼吸心跳停止，姊姊去喊大夜班的值班護士，護士來到母親身邊看了一眼，未對家屬做任何解釋，轉身走出去呼叫值班醫師。值班醫師來時，測了呼吸、心跳，及瞳孔對光的反應後，冷冷地對護士說，「三點二十七分，expire（死亡）！」然後對我們家屬說，「病人已去世了！」就走出病房。護士也跟著出去打電話叫太平間的同仁來推走遺體。當她又折返病房時，看到我在哭，又冷冷地對我說：「別哭出聲，現在是半夜，妳知不知道？」嚇得我立刻噤聲，瞪大眼睛看著她粗魯地拔掉母親身上所有的管子。當她拔除鼻胃管時，我看到血從鼻孔流出。護士拿了張衛生紙，隨便地擦了一下鼻孔，就用白被單將頭蓋起來。我非常驚恐，想像著白被單底下可能七孔流血的母親模樣，但那時什麼話都不敢說。太平間的工人推了一張報廢的破推床，不鏽鋼床面上一條已發黑的白色髒被單，工人將病房的白被單換下，以便還給病房。工人用手抓母親的頭，護士抓母親的腳，將母親的遺體抓起後，重重地往不鏽鋼的推床上摔，我的心彷彿被摔碎了，但因已被護士嚇到，不敢哭、不敢問。家人一行人跟在破推床後面，吱吱咯咯一路噪音推過半夜醫院的長廊，到了醫院後面的太平間，太平間昏昏暗暗、陰陰森森，連一把可讓家屬休息的椅子都沒有。全家人圍著母親遺體，站得很累，父親就叫我們都回家去。就這樣，我失去了母親，卻從此對醫護人員的冷血留下深深的問號。

為了解答我心底的疑問：「為何那麼年輕的醫護人員，對待生命與死亡會如此冷漠？」大學聯考我選擇醫學院，所有的醫學系填完之後就接填護理系。我希望能進入直接照顧病人的科系，學習「人身、人心，與人性」，不只學習病人的，還要探究醫護人員自己的人心與人性。然而聯考未能如願考上醫學系，而進入了護理系，從此開展了一生與生老病死難解的緣。

台大護理系三年級時，我在外科病房實習，照顧一位二十七歲某國立大學畢業，服完兵役後，專心預備高考，一心想謀得一個穩定公職的男生。當他獲知考上高考第一名後，興高采烈地回家想告知父母這個大好消息，可能被興奮沖昏了頭，竟跨越已放下柵欄的平交道。當他醒過來躺在醫院，四肢只剩下一肢，右手及左右腳因被火車輾過而被切除。一切的希望、前程美景、理想，剎那之間就化為烏有。切肢後的一週他因敗血症死亡，我卻永遠不會忘記照顧他的那七天，以及他的無語問蒼天的問題：「我以為別的東西不屬於我，但自己的肢體總屬於自己吧！誰知連我自己的手腳也不能屬於我，說丟就丟掉了！」「既然有今天，我以前還幹嘛這麼努力呢？一切努力都沒有意義！」

從十五歲起，我就與病痛及死亡結了不解之緣。從「我死—我自己」到「你死—我的母親」及至「他死—我的病人」，許多問題及疑惑隨著經驗、閱歷、反思等漸漸成長成熟。很慶幸能進入成大醫學院任教，將我多年的心血結晶傳授給醫學系及護理系的青年學子，日子也就在忙忙碌碌中充實度過。二〇〇六年底，我被診斷出罹患癌症，而且已有淋巴轉移，這已是我經歷的第五次開刀，手術後的化療做得痛苦萬分，死亡一下子又逼近眼前，此時「生命的意義、努力的意義、痛苦的意義」等問題更真實地逼現。為了一償夙願，也為了將我多年的努力化為文字流傳給下一代，我決定寫四本書。本書是病後所完成的第一本，從本書中可以發現醫師面對死亡時若有冷漠的態度，其實也有其不得已的苦衷，因為他們在醫學院中並未學到這個重要的課題。其他「生命意義」的問題，就留待下一本書了。

本書最大的特色是在所有的「詮釋」之後都用醫師們親自講的話做為佐證，五十六位醫師的訪談稿構成了極為豐富厚實的本土性資料，可以做為醫學生與醫師生死教育或臨終照顧教育的參考，一般民眾也可以從中一窺醫師的內心，因而給予終日辛勞助人的醫師更多的支持與鼓勵。同時一旦自己或親友生病，讀了此書也能更知道如何與醫師互動。更希望醫學系的老師們因此能重視「醫師與生死」的課題。

在此特別感謝我的兩位研究助理：曹玉人小姐與周怡彣小姐，為此書的付梓所付出的辛勞。

趙可式 謹識
二〇〇七年六月

推薦序

醫師與生死

第一章　從他死、你死到我死：醫師的情懷

民眾對醫師的要求常是「視病如親」，但若醫師真的將每一位病人都視為自己的親人，病人痛醫師也痛，病人死了醫師哀傷，那麼醫師怎能正常生活呢？相反的，當醫師以職業的態度面對病人的臨終與死亡時，又被抱怨成「麻木不仁」。

這正是所謂的「醫師難為」！

很少人能深入了解當醫師經歷病人的死亡、自己親人的死亡，及自己的死亡時之情懷，因此，本書是由訪談台灣北、中、南、東四所醫學中心五十六位各科醫師的資料，經質性研究分析結果所歸納得出，醫師面對病人（他死）、自己的親人（你死），及有一天輪到自己時（我死）的死亡感受、觀點與行為反應。

醫「生」也要醫「死」

長久以來，「死亡」在中華文化中是一個「禁忌」議題，雖然媒體報導死亡的新聞頗多，但在人們的日常生活與社交場合，若誰打破此禁忌，定成為不受歡迎者。在家庭中，若受現代教育的子女，膽敢探問高年父母對身後事的交代與規劃，也常遭斥責。近年來我國受西方文化影響，「死亡學」蔚為風潮，各大學紛紛開設「生死學」的選修課或研究所，坊間也陸續出版許多相關的書籍，一般民眾對「生死大事」漸多關注。然而在各種行業中接觸臨終與死亡最多、經驗最豐富者就是醫師，雖市面上已有多本探討醫師面對死亡的專書，但皆為翻譯作品，鮮少以本土觀點出發的創作。

我從一九八〇年開始投入末期臨終病人照顧的志業，到一九八七年的七年間，有八位由我照顧的病人自殺，其中兩位病人的悲劇性臨終與死亡歷程讓我終生難忘。

病人A

A先生是一位四十三歲的肺癌病人，兩側肺部都被癌細胞侵佔，終日呼吸困難，喘得厲害。有一天清晨他對我說：「我喘得太難受了，每一分秒都像上吊那麼難受，求您們救救我。」而他的主治醫師告訴他：「你的肺都被癌細胞吃掉了，我們也沒有辦法。」

當天晚上，A先生使出全身力氣爬下床並爬出病房，到一間空討論室中上吊自殺了。枕頭上留下一張紙條，上面寫著：「長痛不如短痛！我絕望！」他的主治醫師不聲不響地開了死亡診斷書，那時誰也不敢問醫師心中想些什麼。

病人B

B先生是位七十一歲大腸癌的老榮民，無家無親無友無金，因腸阻塞腹脹厲害，大腹便便連躺臥都困難。他住在病房時常對醫師說：「肚子好脹，請你們給我開個窗透透氣好嗎？」主治醫師每一次都用同樣的回答：「你的腸子被腫瘤堵住了，你的身體狀況現在也不能開刀，我們實在沒有辦法了！」這樣的問與答持續了多天多次，直到有一天大夜班護士發現他不在病房，出動全院尋找，卻找到院內蓮花池中他的遺體。

醫師的絕望引起病人的絕望

A與B兩位先生因絕望、痛苦，而自尋了斷。那麼醫師呢？會不會也很絕望？身為救命治病的醫師，既無法解除病人的痛苦，又無能挽救生命，那麼做為醫師的功能為何？意義為何？醫師也會感到絕望嗎？若醫師也絕望，那病人豈不更絕望？

一九八七年，我到美國專攻「安寧療護」，一九八九年取得碩士學位回國後，即開始推展安寧療護運動。旋即又出國進修博士學位，於一九九三年學成返國，結合一群醫界同道推展與落實末期病人的照顧，如今「安寧療護」的理念與實務也算普及，各種研究文獻不勝枚舉，唯獨沒有較具規模的正式研究來探討醫師的態度。因此我申請了一個國科會的三年期研究計畫，深度訪談台灣北、中、南、東四區的醫學中心之各科共五十六位醫師，層級從住院醫師到教授、院長，每一位訪談平均二至三小時之長，將所有的訪談逐字稿經過質性研究的「詮釋研究法」做分析，從中發現豐富的本土醫師之內心態度，因而著作成書，希對醫學生及年輕醫師的生死教育有所貢獻，也使一般民眾能窺得醫師內心的掙扎，而給予終日與病痛或死亡為伍的醫師更多支持與鼓勵。

生老病死乃無常人生中平常之事，日新月異的醫療科技仍無法改變「人會死亡」的事實，根據衛生署二〇〇六年底的統計資料，台灣地區所有死亡人數為十三萬五千零七十一人，主要死亡原因排行第一位的是惡性腫瘤，其死亡百分比為二十八點一，其他依序為腦血管疾病、心臟疾病、糖尿病、事故傷害、肺炎、慢性肝病及肝硬化、腎炎及腎徵候群及腎性病變、自殺，及高血壓性疾病（行政院衛生署統計室，二〇〇七）。十大死因中扣除事故傷害及自殺兩項死因，其他八項死因皆為慢性病，意即每年約有十萬名病人的疾病會惡化演變，終至藥石罔效而死亡，並且他們在去世之前，有一段臨終期。現代人絕大多數死於醫院，故使醫療人員面對臨終個案的機會愈來愈多，在面臨「病不能治，命不能救」的困境中，醫「生」也要懂得醫「死」，成了現今臨床醫療的最大挑戰。

醫療是建立在科學上的藝術，這句話是現代醫學教育大師威廉・奧斯勒（William Osler）的名言，曾任慈濟醫學院院長而現為教育部醫教會執行祕書的賴其萬教授用「**對人類受苦的敏感性**」（sensitivity to human suffering）來為醫者的人文素養做註解，解釋醫學人文的精神。當所照顧的病人於疾病無法治癒、死亡不可避免時，則照顧重點應由治癒（cure）轉為療癒（healing）。「臨在」（being with）是療癒之核心理念，截然不同於以治癒為導向的「做」（doing for）。療癒過程的啟動仰賴治療者與被治療者間契合程度。倘若，氣虛體弱的臨終病人正亟需有人伸出援手伴行一段生命之幽谷，但睜眼所面對的卻是麻木冷淡拒人千里的醫療照顧者，病身所接受的是一連串的常規例行處置，那豈不更為生命幽谷平添陰森？綜觀今日國內醫學院的教育課程，我們可發現仍然是以醫學專業教育為主，過度重視醫學知識的獲取和疾病的診斷與治療，而忽略生命中也有死亡與不完美之處，只有少數幾個醫學系有相關生死學或臨終關懷教育的課程。人類亦有無可避免之脆弱，當過去誓言救贖人類生命脫離病痛與死亡的一貫信念受到撼動時，誰來解釋科技也有技窮的時候呢？誰來教導無助、無意義感的年輕醫師呢？這樣的狀況使得在生老病死不斷反覆上演的臨床情境中，醫師們常顯得手足無措，甚至將病人的臨終及死亡視為是醫療的失敗，因而產生許多負向之感受，甚至影響他們未來對待此類似情境時的態度或行為，導致惡性循環。人是身心靈合一的個體，病人是，醫師亦是，在醫病的互動中，尤其是面對臨終事件，個體彼此間因互動會有所激盪而牽動許多的感受、觀點與行為反應，可見需要更多研究以了解目前現象，並給予改善方法與方向。因此，我在本書中，欲探討醫師在面對臨終事件時的感受、觀點，及行為反應，以便改善目前醫師的養成教育與在職教育，進而有助於臨床醫療品質之提升。唯有找回醫者的初心，方能使整個醫療系統更趨人性化。此外，亦希望一般民眾在讀了本書後，也因對醫師的了解而能激盪出更佳的醫病關係。

從統計轉變為意義

按牛津字典（Oxford University Dictionary, 1990）對「科學」所下的定義為：「科學是在其學門領域內，藉由嚴謹可靠的研究方法，發現新的真理。此真理為將可以觀察到的事實做有系統地歸類分析。」

不同的學門所用的研究方法迥異，例如物理學、化學、數學、資訊科學、航空太空學、醫學等學門。近代的社會人文科學出現了一個新的名詞，即「人的科學」（Human Science），專門研究「人」這個奇妙又複雜的現象。「人的科學」之研究方法難以用統計數字量化的工具來測量或深入探討，因此必須使用一些質性的研究方法來深入發現

「人」的內在。這些方法有詮釋學、紮根理論、田野研究法、民族誌學、現象學，及敘事研究法等等。

本書所用的研究法為「詮釋學方法」，資料來源為受訪者的語言，語言中包含了他們的思想與感受。將所有的訪談內容謄寫成逐字稿後，按照嚴謹的詮釋學分析過程，使用「歸納法」歸納出「意義」的主題，以便能描述所研究的「醫師與生死」現象，去發現新的真理。

這種深入且繁複的資料分析過程中，沒有任何數字及量化的資料，但卻可真實地一窺「人的科學」之神奧。我為了解醫師對臨終事件之感受、觀點與行為反應的現象及背後意涵，在獲得國科會之支持下完成研究計畫。有鑒於若用問卷勾填式的量性研究可能局限對此現象之深入了解，故利用質性研究「詮釋學」方法，透過訪談、觀察與分析來發現人類的思考、行為及感受，以蒐集醫師的生活經驗，並發現其所含的意義，秉持嚴謹之研究過程使研究結果能確實地反映真相。

五十六位台灣醫師面對臨終與死亡的心路歷程

由於本書是一篇質性研究的結果，所以並無任何統計數字。所訪談的醫師都經其同意並簽署同意書後才進入訪談，並嚴守倫理原則，保護個人的隱私權。所獲得的資料是經過歸納整理，已然顯不出醫師的個人風采，而是表達集體現象。

本研究之進行以台灣北、中、南、東四所醫學中心立意取樣各科醫師為研究對象，樣本數為達無新資料出現之飽和狀態為止。期間共訪談了五十六位醫師，從住院醫師到教授，科別包括內、外、婦產、小兒、耳鼻喉、骨、整型、皮膚等等，年齡層自二十九歲至六十五歲，在解釋研究過程與目的後，經他們同意並簽署同意書。整個訪談過程在自然情境中，建構出真實現象的知識，採非結構式的深度訪談，使受訪者能有充分彈性表達自己的看法。之後，將所得原始資料逐字謄寫出來，挑出我認為重要的與符合欲探討主題之文句，把這些文句編碼，將所得之編碼組織分類為多項主題。資料依此整理完後，找出多個編碼間的關聯及多項主題間的關聯性，歸類成「類別模型」。經過質性研究之分析與歸納整理出研究結果，期冀藉由研究結果的厚實描述（thick description）與豐富性，奠基於「人—脈絡—情境」（person-context-situation），讓隱蔽於「脈絡中的意義」（meaning in context）獲得彰顯，來幫助了解醫師對臨終事件之感受、觀點與行為反應，希望能激起一般大眾、實務界及學術界的共鳴與批判。現今醫界打造身心靈整體人文醫療已刻不容緩，在醫治病人之同時，或許正為著醫者本身之自我療癒展開新契機。

第二章　從震撼到麻木：找回醫者的初心

王醫師是某大醫學中心內科第一年的住院醫師，主治醫師告訴他：「五一三病房患肝癌的病人林先生今晚可能會去世，你今晚要留在病房隨時待命。」王醫師不敢怠慢，晚上值班時每隔十幾分鐘就去探視林先生一次。誰知林先生一整晚都在罵人，罵太太、罵兒女、罵醫護人員，總之樣樣都使他不滿意，人人都不順他的心。到清晨兩點多，他突然大吐血，一臉盆一臉盆地吐，王醫師手忙腳亂地急救，插上各種管子，輸血、打強心針，一整夜彷如戰場，到了早上七點多，病人宣告死亡。急救車上狼藉一片，王醫師也如打敗仗的軍士，拖著一身疲乏，回宿舍休息。然而在床上輾轉難眠，滿腦子都是林先生的景象，他想，「人的死亡為什麼這麼猙獰恐怖？」習醫以來第一次處理死亡的經驗，只能用「震撼」兩字來形容。

身為一個醫師，需經過醫學系七年的漫長教育年限，畢業後至少四至七年的住院醫師生涯仍算是持續教育過程，直至升到主治醫師，才算在一個醫療專科中立足。在這十一至十四年的歲月中，每一位醫師都會經歷不同科別的實習或代訓之經驗，無論在哪一科，也都有病人死亡發生，如內科、外科、婦產科、小兒科、耳鼻喉科、皮膚科、神經科、急診、加護病房等等。從實習醫師到快退休的老教授，每個醫師都有一段心路歷程。

他們在初次遇到自己所醫治照顧的病人死亡時，到底有什麼樣的感受呢？以下是十七種醫者的初心：

一、震撼感

當醫師第一次遇到病人死亡時，儘管表面上仍維持「專業的形象」，一切醫療過程依規定謹慎行事，但內心的澎湃可能久久無法淡忘，產生只能用「震撼」來形容的情緒激動，甚至還會失眠。以下是摘錄醫師的話：

◎當實習醫師的時候，你接的第一個病人後來發現末期了，真的會讓你銘刻於心，讓你放在心上，你真的會睡不著覺。

◎如果你自己早期不是很了解這過程，當然就會很激動，覺得說怎麼可能會這樣？怎麼會這麼快就造成病人的死亡？

◎第一次碰到這一類的病人，會覺得很震撼！

可惜的是台灣的醫學教育中，大都教的是「醫學科學」，年輕醫師的內心震撼，是很少被提出來討論的，老教授們也不覺得這需要被教，「每位醫師都是這樣走過來的！」、「習慣就好了！」，因此「震撼感」的初心，被壓抑、被忽視，一代傳一代，等這一代醫師長大後，又用同樣的態度對待下一代年輕醫師。

「沒想到第一次離死亡那麼近！」、「因為以前都沒見過別人去世，一下子遇到當然會覺得很震撼！」，大多數醫師在頭幾次接觸到自己所醫治的病人死亡時，會有這樣的震撼感。

二、失敗感

病人死亡，就是表示醫療失敗、醫師無能或疏忽，總之就是醫師的錯！在與疾病奮戰的戰場上，似乎醫師是主將，病人只是小兵。作戰失敗，就是主將的戰略錯誤，是主將的錯。這種想法加給醫師巨大的壓力，有些醫師雖自己能坦然接受病人的死亡，卻又怕病人與家屬不能接受。以下是醫師的表白：

◎如果說這種病人你覺得應該很有希望會活，後來超乎你的預料，這時候會很難過，如同敗兵之將。

◎病人如果死了就表示是你治療失敗！第二，當然表示說自己能力不夠，哪些地方疏忽了，或者怕人家批評你沒有做好！

◎西方醫學科學教育其實是把病人治好為目標，這樣的話就會覺得如果病人治不好是不是就是你的失敗，而病治不好最糟糕的情況就是病人去世。

年輕的醫師初遇病人死亡時會感覺：「沒想到醫學是這般的無能為力！」難以置信醫學也有無計可施的時候，覺得自己能力不夠的失敗感，擔心被人批評做得不好。

◎我手上有這麼多的武器，怎麼可能說病會治不好！剛開始好失望，表示我失敗了！

三、無助感

醫師是一種「助人專業」（helping profession），是病人與家屬求助的對象。因此當醫師自己也感到「無助」時，教病人／家屬怎麼辦？

資深的醫師慢慢生出生命的智慧，了悟醫學的極限——醫學非萬能；年輕的醫師在教育過程中缺乏生死學及對臨終病人心理與靈性的輔導知能，因而會更感覺無助。以下為三位醫師的表白：

◎醫師當得愈久，愈發現醫學是有極限的，很多病到現在醫學發展上都沒有可以解決的方法，所以會比較謙卑；就是說醫師不是神，他只是一個凡人而已。

◎感覺那時候面對病人會有很大困擾，因為不知道怎樣去幫助這個臨終病人，精神上怎樣給病人一些支持。

◎因為我做小兒心臟外科，許多很複雜的心臟毛病需要開刀，我比較沒有辦法得知患重病小孩子們的心理感受，也不知要如何做心理上的安慰。

四、無成就感

身為一名醫師，最大的成就來自將病人治好了，或是把病人從死亡的關口搶救回來，這種喜悅會讓終日辛勞的醫師工作有了意義。倘若自己的病人一個個地死去，醫師當然不會有成就感，而且甚至會懷疑自己是否選對了事業之路？以下是兩位醫師誠實的道白：

◎從他身上你不會看到成就感，我有時候會為自己感到很難過，曾想過那時候怎麼不選擇另一條路！

◎有些醫師不看那些沒成就感的病人，但這對病人不公平。

治療這麼久，卻得到死亡的結果，照顧臨終病人沒成就感，因此有些醫師就選擇不接受這類病人，使得身患重病的病人求助無門，這真是情何以堪！

五、憂鬱

病人治不好，家屬傷心，醫師則要面對病人的死亡，家屬的哀傷，還有自己的壞心情。而且心情的轉換不會這麼迅速，持續的壞心情還會影響到醫師自己的生活與家庭。難過、難過、難過啊！又有誰來體諒醫師的難過呢？聽聽醫師怎麼說：

◎會相當憂鬱，因為你也要讓家屬能夠接受。

◎一些刀開不下來，拿不下來，癌細胞已經擴散了，開了以後又關起來，不能開了，你就會覺得很難過，病人多挨了一刀，他沒有辦法得到好處，你又看到一些你不想看到的事情，然後你又想到這個病人可能一直走下坡，這些都會讓你心情一陣子不好。

尤其醫病關係良好，深獲病人信任的醫師，壓力很大，有時會感到沮喪，懷疑自己行醫的意義。

◎壓力很大，病人很信任我，我壓力很大！會相當憂鬱，有時候會為自己感到很難過，你會覺得怎麼選了這一行啊！

六、無奈感

沒有一位醫師會希望他的病人因病治不好而死去，但病人的命運並非操控在醫師手中。在病人大限已到時，醫師從專業知識判斷病人必死無疑，其倫理素養又告訴他為了讓病人少受痛苦，不必再使用高科技的醫療武器去折磨他，無奈家屬堅持繼續急救，醫師只好為了家屬心安而加給病人更多的痛苦。一位醫師說：

◎有時候家屬沒辦法接受這個事實，一定要醫師急救，怎麼跟他解釋溝通，他們還是堅持要救到底，遇到這類家屬的時候真無奈，只好犧牲病人的福祉了。

看來全民的生死教育很重要，當這類家屬遇到自己臨終情境時，不知是否會做同樣選擇？

◎醫學的極限就是命運吧！不希望病人死，但有時候也沒辦法！

◎我們都不希望病人死，但無奈的是天不從人願啊！

◎現代人太忙了，以前農業時代在家等死還有人力照顧，現代久病床前無孝子是事實，在醫院看多了，請個菲律賓籍看護來照顧，兒女久久才來看一次，有時會想他這樣活著也沒有多大意義，但做醫師也沒什麼辦法啊！

七、無力感

醫師是社會的菁英，在台灣的升學制度下，進入醫學系者幾乎全部都是從小到大第

一、二名的資優生。因為頭腦好加上勤奮，大概都能心想事成，不知不覺形成自我的「有能感」，相信靠著自己的努力，應該沒有辦不到的事。然而眼前的病人死了，眼睜睜看著他死亡的醫師卻一籌莫展。更痛苦的是醫師明知病人已經來日無多，但病人卻非常信任醫師，將自己交託在醫師手上，這給醫師更大的壓力，因為他不知道要怎麼去幫助病人。醫師能做的很有限，時間也有限，這時「無力感」悄然升起。若所照顧的是兒童，由於國內對小孩子的死亡學研究很少，更覺缺乏知能去了解他們。以下是五段醫師的表白：

◎人不是萬能的，會覺得都是天注定的。有些東西你真的無法改變，它要朝著某個方向走，你也沒辦法。我覺得滿無力的。

◎我們會知道他的痛苦，可是不是那麼深刻，因為我們照顧的病人太多了，每個病人都很不舒服，我們知道，可是仍覺得還是無力感。

◎大小孩很多舉止跟大人是愈來愈接近了，雖然說還有很天真的想法，小孩子的想法……雖然知道要死，但他們的願望和大人還是不一樣的，我也不知道要怎樣與他們交談，怎樣幫助他們的心理。

對病人及家屬臨終與死亡的恐懼，心理及靈性問題覺得很無力，會懷疑自己的能力，覺得自己沒用，對於無法擺脫的命中注定而感到愛莫能助。

◎我們走這一行的其實看得是很多，經歷愈多愈會覺得無力感……

◎最大的困難很多病我們也幫不上什麼忙，因為醫學能力還是有限，想幫忙也是愛莫能助，有點力不從心。

八、挫折感

有一位年輕的A住院醫師，熱愛醫學，充滿救世濟人的熱忱。有次治療一位七十八歲患肺癌阿媽，阿媽打化療打得太苦，要求回家，阿媽的兒女也同意她的決定，告訴醫師他們考量以生活品質為重，不想再打化療了。A醫師卻義正詞嚴地說：「在我手中的病人，我絕不准他死亡！你們一定要繼續接受治療。」阿媽兩週後在醫院中去世，去世後化療的藥瓶才從她身上的人工血管拔除。阿媽的家屬恨透了A醫師，因為阿媽的最後人生是在化療痛苦的副作用中度過的，且未能完成她想回家的心願。

A醫師錯了嗎？到底「病人在我手中去世」，會帶給醫師怎樣的感受？

◎我手上有這麼多的醫療科技武器，怎麼可能說病會治不好。

◎病人在自己的照顧中，在自己的手上過世的話，對醫師來講是很大的挫折。

◎我很努力做，有些病人最後還是死掉了，有些病人救不活的，可是家屬也不了解，這會造成醫師最大的挫折。

◎你把你能夠使用出來的方法都已經用進去了，但這個病人還是沒有辦法照你的意思好起來，這時候就很難過，或是說開完刀以後我覺得做得很好，可是一下子又化為虛無，感覺好像白做了這樣。

◎病人沒辦法治療，無法滿足病人的期望是最大的挫折。

◎當花了全力卻沒辦法看出結果的那些病人，我會覺得很難過，感覺以前做的都沒有意義。

想得到的結果不一定能達成，難以相信醫學也有無計可施的時候；原本有救的病人死了，會覺得難過、有挫折感。面對有些對生命仍有很大期待的病人，這會更令人感到傷感。病人在自己手中去世總是種挫折，尤其是又得不到家屬諒解時。

◎「對生命有很多期待，對活著也有很多的期待」，這種病人是讓我覺得挫折感最大的，也是遇到的時候自己覺得最無力的。因為醫學有極限，這些極限使我無法挽救病人。

◎並不會麻木不仁，即使現在已經當了資深主治醫師，看到死亡的時候，心裡還是會有一些挫折感。

◎在早期，年輕的時候認為不能改變病人的選擇，不開刀跑去吃草藥，結果病情很快惡化到無法開刀了，是一個很大的挫折。

九、反省與內疚

病人治不好，病人死亡，大家可以怪醫師，但醫師能去怪誰呢？有些心思細密、敏感度高的醫師，常會反省自己或藉此事件反省很多事，如醫療制度、醫學教育、醫學研究等等。惋惜與內疚的感覺常給醫師帶來沉重的負擔。以下是醫師的話：

◎我會覺得這個病人怎麼被我愈治療愈糟糕，就會懷疑自己的能力，「我這個醫師到底有沒有用，一個病人讓我看從好好的看到後來死掉。」

◎我是覺得可以再做一些事情。有時候事後回想，去世的那些病人及家屬的反應，我們可以在那時他還沒去世之前，幫忙他更多的。

◎在感覺上、情緒上會覺得怎麼會那麼可惜，怎麼這麼快就束手無策了，然後就會去想有沒有更好的方法，這個就是推動醫學研究的動力。

◎我不會麻木不仁，看到病人死亡，會讓我反省，來讓自己心安一點
◎病人本來是可治療的，但病人就是一再拖延，我會覺得很可惜，我們的醫療體系是怎麼樣會讓他拖延到這麼遲才來醫院的？
◎病人不應該死，但是被我開刀開到死，雖然這是病人的命。我又不是上帝，但那個時候仍是我最痛苦的時刻。

十、不忍感

「醫者父母心」，看到病人受苦，真是於心不忍，甚至會產生「既醫不好，又這麼痛苦，還不如早點解脫」之感。醫師對於病人的「慘狀」產生「慘不忍睹」的情懷，所以有時會採取「逃避」的策略，「眼不見為淨」也就不心痛了。當您看了醫師的這些道白，下次再遇到醫師疏離病人時，請勿再批判他們沒有「悲憫心」了。若遇到「久病床前無孝子」的家屬，請個外籍看護，把病人「拋棄」在醫院時，醫師有時會太過參與病人的情緒，甚至產生「敵愾同仇」的同情心，對家屬起了反感，態度當然就不會和善了。在醫院百態中，不只有子女拋棄父母，也有「久病床前無慈父母」的情形，尤以小兒科醫師特別同情脆弱的小生命，常會跟著情緒捲入。以下是醫師的告白：

◎我就替這個小朋友忿忿不平，那時候，小孩子死掉就像人命不值錢的那種感覺，感覺小孩子真的是不值錢！

◎不忍心看到病人如此痛苦，甚至有點希望他不要再拖時間了。

◎有些人會讓你覺得很難過，家屬對他的照顧很不好，他的生活品質也很糟糕，我們看了也滿痛苦的。

◎看到很多病人都很辛苦，看到病人我也會想說如果今天換成是我自己這個樣子，我的心裡會是什麼感覺？

明知病人死期將近，卻不忍心告訴病人，也不知道要如何告知，而病人或家屬卻一再要求醫師儘可能治療，或是還有心願未了，或是捨不得、放不下，這時在醫師的「不忍感」中，「安樂死」的聲音悄然升起。當然醫師不會真正執行安樂死，安樂死在台灣是犯法的行為，而倫理思辨也不是每位醫師都下過工夫，「覺得病人真是生不如死」的感受會一再地在醫師心中迴盪著：

◎若治療已無法挽回，徒增病人痛苦，如果繼續做侵入性治療的話對病人很殘酷，我們心裡也不舒服！

◎他沒想到這段期間是很痛苦的，而他身邊的人也會很痛苦！

◎看到就是這個樣子，我心裡也會想，這病人或許希望今天晚上就能過世，或明天就能過世。不要讓他和家屬這麼焦慮，病人這樣子，講難聽一點，就像苟延殘喘這種感覺。那種情形給我的感覺是，沒有對誰有好處。對病人本身也不好，對家屬也不好，對整個醫療的成本來講，好像全部都沒有好處。那種情況下，我希望我明天來看他的時候已經安然過世。這跟安樂死的感覺事實上只差一點點了。

看到病人如此痛苦，又不能治好，不忍心他繼續受苦，有點希望他早點解脫，不要再苟延殘喘。若是面對天生畸形或是末期病人，比較不會傷心或痛心，反而覺得對他們是種解脫、結束痛苦；較難過的是來不及救或死得太突然、很年輕的病人。

◎如果病人癌症末期，或是小兒科先天畸形的小朋友，那樣子的病人，我會覺得死亡事實上對他們是種解脫，可以結束他們的痛苦。說實在對於這樣的病人就比較不會有很傷心或是非常痛心的感覺。比較覺得傷心或痛心的是那種急症的病人，生病才一、兩天，或是送來還來不及救他就去世的。另外一種情形就是年輕的病人，會讓人覺得很痛心、很可惜……。

十一、煩躁感及麻木

照顧臨終病人是很累人的，病人、家屬、護理人員會不斷發出求救的呼聲，尤其假日或半夜的值班醫師，遇到有位臨終病人，大概就知道整個值班就沒有寧靜了。病人／家屬因病況危急而心急如焚，最好醫師分分秒秒都在身邊，不能順意就抱怨連連，使得醫師疲累又煩躁，久而久之，同情心、同感心全都消失無蹤，取而代之的是麻木感。

◎站在住院醫師的角度，照顧這一類的病人會覺得很煩，因為這一類的病人會有很多的抱怨，希望能快點送走就把他送走。

◎很麻木的，你只覺得他會增加很多負擔，不斷被 call（呼叫），不斷被叫過去。

直至年齡與經驗漸長，資深醫師具較多處理病人情況的經驗後，遇到「難纏的病人」時，仍然會煩躁起來。

◎像我醫師做這麼久，碰到這種膚淺又自信的病人，情緒有時候還是會受到影響，當然隨著年齡愈大，脾氣也好多了，大概起碼都忍得住氣啦，可是偶爾還是會覺得厭煩。

十二、害怕感

醫師會怕死亡嗎？醫師具備專業知識，又見多死亡，是否因習以為常就不再恐懼了？如果醫師也會害怕，那麼他是怕什麼呢？聽聽醫師怎麼說：

◎病人心理上無法接受死亡的到來。遇到這樣子的病人我心裡很難過，這是我最怕遇到的情況。

◎做醫師看久了會怕，不知何時輪到自己。

◎不希望我們醫治的病人是愈醫愈糟。

◎跟我們自己期望的差很多，和家屬期望的就差更多了。所以心理上會難過也會害怕。害怕家屬會不會怪罪到我身上。

所以醫師的害怕可歸納成下列六項：

（一）病人無法接受自己的死亡；

（二）不知死亡何時輪到自己身上；
（三）由自己醫治的病人，愈醫愈糟；
（四）不能答覆病人／家屬的期望；
（五）照顧臨終病人的知能不足，因而對病人／家屬的助益有限；
（六）因見多死亡而使醫師自己變得悲觀消極。

有些醫師的確會從「他死」反省到「我死」，看多了死亡，不知道何時會輪到自己的親人及自己身上而感到害怕。有一位醫生說：

◎如果天天去照顧臨終病人你會怎樣，你這個醫師可能會變得悲觀，變得有些神經質，我很怕會變成這樣。

十三、驕傲感

照顧臨終病人也不盡然都是消極的感受，醫師仍會有正面積極的驕傲感，比如說：

（一）將病人從危急的狀態中救回來，或對困難處理的問題成功地做了處理；

(二)良好的醫病關係；
(三)不斷精進自己的醫術，而能更造福病人；
(四)對病人做了一些好事；
(五)長期追蹤同一位病人，獲得病人的信賴；
(六)學習了如何照顧臨終病人，也的確幫助了病人。

當醫師學習到臨終照顧（end of life care）的知能後，他們的感受是：

◎以前就比較沒有投入，以前對這類病人的處理上比較少花心思、後來做了些學習，現在較有信心去處理、去面對這類的病人，幫他度過這個困難的時期。

只要病人和家屬感到平安、安心，醫師就覺得很滿足，對自己與病人間的良好互動關係感到驕傲，能送病人最後一程感到欣慰。

◎當我看到病人在家裡過世的時候，在病人方面還有家屬方面，都能夠感受到一種平安。我覺得這樣會從那邊得到很大的滿足。

◎醫病之間關係，我想台灣沒有一個醫師會像我跟病人之間的關係維持得這麼好，我覺得很驕傲。

為什麼醫師要給病人做急救？明知醫藥罔效者還要救？因為：

◎能夠把病人從生命危急的狀況救過來，對醫師來講是一件很過癮的事情，而且是成就感立現的一件事情。當他已經快死了，那你用什麼方法把他救回來，這對我們來講是相當有成就感及感到驕傲的。

十四、惋惜與遺憾

醫師對每位病人的去世都會有不同的感覺，絕不會「一視同仁」，其差異性在於下列因素：

（一）視與病人之間醫病關係的長短與深淺而不同；

（二）視病人的年齡，特別是對小孩子及年輕人，惋惜感與遺憾感較強烈；

（三）視病人疾病的歷程而不同。若疾病歷程短，如急症來不及救的病人，或生病才數天、數週就去世，就會讓醫師痛心；

（四）病人不知自己病情真相，沒有心理準備，沒有向任何人表達過自己的想法，未做交代，就這樣不明不白，糊裡糊塗就死去了；

（五）病人的家庭美滿，許多人愛他，他的死亡會引起親友劇烈的哀傷；

（六）家有幼兒的病人一旦過世，孩子就成為孤兒，會特別令人感到惋惜與遺憾；

（七）中壯年的男病人，身為一家之主、全家的依靠，支柱倒下，整個家庭岌岌可危。

醫師們說：

◎我看到很多病人，對他自己的病情不清楚，最後那段時間他沒有心理準備，也沒有機會對誰表達過他最後臨終的時候有什麼想法，這樣子我會覺得遺憾。

◎就看他的病情，如果他還很年輕，死掉就很可惜，如果他是久病纏身，那事實上也就覺得這是一種自然過程啦，不會有什麼感受。

◎如果這個病人還很小，剛出生就開刀，死了，我會覺得讓病人的家屬解除一個很大的負擔；如果病人已經八、九歲，然後得到一個肝癌，開完刀以後，過了一年才死亡，我覺得這樣對家屬來講是很大的哀傷跟失落。

◎急性和慢性疾病，家屬處理的態度和心理是不一樣的。急性家屬的壓力比較大，醫師的壓力也比較大，好好的小孩子突然死掉了；那慢性已經磨到最後，他已經漸漸接受他的病無法治，最後大家都會接受了。

至於對年老力衰，又久病纏身，或經年臥病在床的病人，醫師就會覺得死亡是一種自然的過程。

十五、矛盾感

醫師在面臨醫療抉擇時也會發生兩難的困境，以下是醫師的矛盾之處：

◎我是覺得可以再做一些事情，有時候事後回想去世的那些病人及家屬的反應，其實我們在他還沒去世之前，可以幫忙更多；如果生前我沒有幫他，就會覺得懊悔。但後來又會覺得即使幫忙他，症狀還是沒有解除，延長生命還是那麼痛苦，這樣我們幫他是不是反而不好。我現在思考的是，如果我能幫助他，讓他還是多活那幾天，但過得很好，不要那麼痛苦，這個忙可以幫；

但是如果症狀很不好，過得很痛苦，那這個忙要不要幫呢？這就值得考慮了。

◎病人死了當然會很難過，但是如果你要把他的事情一直放在自己身上的話，我想你的壓力會很大。你說你要裝做麻木不仁，其實很困難，會有一陣子不舒服，但是你再回過頭來想，他既然活得這麼痛苦，倒不如趕快走，可能也是一種解脫吧，若能朝這一點來想，大概你的心裡會比較平靜。但留在世上受苦或死亡解脫，兩者還是讓我產生矛盾感。

十六、倒楣感

台灣的醫療生態，有一個特別的現象，即ＰＦ（Patient Fee）制度，就是主治一位病人就分到一份的報酬。許多私人醫院的醫師底薪很低，全靠診治病人的多寡而定總收入，也因此可能並非醫師專長的科別，卻抓著病人不放，不轉診給其他專科醫師。例如胸腔外科的醫師為肺癌病人開完刀後，一般而言，應該轉診給腫瘤內科做化學治療，或轉診至放射腫瘤科做放射治療。但若外科醫師不轉診，將病人留在外科做化療等等的內科治療，就可以繼續分得ＰＦ。當然有些情況是因醫病關係良好，病人對原來的外科醫師非常信任，自己不願意換醫師。但以醫學專業的立場，「隔行如隔山」，在醫學急速進步的現代，每一個專科都有日新月異的知能，一位醫師不可能科科都精通，還是轉給專家較為妥當。

病人還在治療階段時，不同科別的醫師或仍繼續診治這位病人，但一旦病情惡化進入臨終期，原來的主治醫師或缺乏照顧此類病人的知能，或缺乏時間，就將他轉給腫瘤科或其他科別；已病入膏肓的病人誰也不想接，若接了，只好自認「倒楣」。醫院中的「人球事件」絕不只有「邱小妹」而已，時時處處可見一些無法救治的病人被當成「人球」，病人及家屬那種求助無門，「呼天不應，呼地不靈」的絕望真是情何以堪！因此當台灣的「安寧療護運動」自一九九〇年興起後，此類病人真是有福了，那些被別的科及病房視為「頭痛人物」的病人，卻被安寧療護團隊視為「寶貝」，病人轉到安寧病房後，被當做皇帝或皇后般地侍候照顧，直至呼出最後一口氣。然而有些被當成「人球」的病人也是法律糾紛的來源，當醫師遇到法律訴訟時，只有自認倒楣。

◎最大困擾大概就是醫療糾紛。若碰到病人沒有成功醫治，家屬沒辦法接受，這是最大的困難，我想外科最討厭的就是這個了，很倒楣。

◎真的被告的話，你第一個感覺就是荒謬，為什麼他要告我，病人的命如此！我真倒楣，但也無可奈何，他告我就告吧！

十七、無言與逃避

一九六〇至一九七〇年代，美國有多項研究「醫師為臨終病人所花的診治時間」。研究助理拿著馬錶終日待在病房中，計算醫師查房時進出每位病人病房的時間，結果皆指出同樣的發現，即：醫師在每位病人床邊診治的時間，以臨終病人為最少。研究還發現一個有趣現象，有些醫師查房時甚至會刻意繞道臨終病人的病房，等全病房查訪完畢，藉口有其他事而逃過面對臨終病人的尷尬。為什麼醫師會這樣？他們的苦衷是什麼？這位醫師表達得很清楚：

◎碰到病人快要死，或是醫學上沒辦法做什麼的時候，你就變成說不知道怎麼辦，不知所措，最後就眼不見為淨，因為當你不知道要做什麼的時候，就會有這種心理上的逃避，或者你想去幫助他卻不知道怎麼幫忙。

因為不知要怎樣幫助病人，不知該說什麼、做什麼，所以逃避為上策。這也就是為何安寧療護的醫師需要特別的教育訓練，使醫病溝通能順暢，能言之有物，能命中病人所需，醫師也永不放棄病人，永遠可以為病人做些他所需要的事。

醫師似乎講什麼話都不對，遇到病人無法接受事實，會覺得難過而害怕碰到這種情形。

◎病人心理上無法接受死亡的到來。遇到這樣子的病人我心裡很難過，這是我最怕遇到的情況。

以上就是十七種醫者面對臨終病人的初心。一般人只同情病人與家屬，但其實剛踏入臨床的年輕醫師也是那麼難為啊！

第三章　只有一顆心，不能時常傷

我於台大護理系畢業後進入一家醫學中心做臨床護理工作，而且選擇了全院死亡率最高的一個病房，病房所收治的大多為嚴重的心臟病及癌症末期的病人。

有一天早晨，不知怎地，幾位病重的病人都起了變化，一個早上，為五位病人做急救，都沒有人被救回來。當我推著堆放大量急救藥空瓶及病人死亡後所拔除沾滿血漬的管子的急救車，跟著醫師回護理站，那位第四年的住院醫師（R4）洗完手，從冰箱取出一大筒冰淇淋，來不及裝入杯中，就拿著筒子大口大口吃起來，還一面說：「餓死了！到下午快兩點還不能吃飯，真歹命！」我在一旁看得驚訝，問道：「今天一個早上送走了五位病人，您怎麼還吃得下啊？」他回答：「只有妳這種剛畢業的小護士才會吃不下！病人死亡是家常便飯啊！如果每天都有病人死，那妳每天都吃不下飯，妳能活多久？病人痛，妳也痛；病人哭，妳也哭；病人死，妳不能吃不能睡。那麼妳頂多活三個月，就要跟著去了！」

第二章是描述醫者的初心，但年輕醫師漸漸成為資深醫師，對於生老病死已習以為常，此時他們的心境改變為何？因此，第三章則要說明及探討資深醫師面臨生死問題時的心境。

一、平常心

經常接觸死亡的醫師，有些能生出「參透的智慧」，協助自己及病人／家屬在度過生死大關時，能成為「適者生存」的「生活哲學家」。這種態度可以分成以下兩種情懷：

(一)生死乃自然律，既來之，則安之

身為「生活哲學家」的醫師，累積經驗與智慧之後淬鍊出的參透之道有：

1.向每位病人學習，在平常心中可受感動

許多醫師能看出每位病人的個別性，尤其在面對臨終與死亡時，更是「一個病人一個新故事」；當醫師懷著學習心態時，每個故事都可成為一本活書，帶給醫師人生的智慧、啟發，與感動。

◎現在回想起來，他整個過程沒有太大的痛苦，我從他身上學到如何做疼痛控制，如何提升他的生活品質，另外傷口的部分，我們也學到如何處理。其實從病人身上我們學到滿多的。

2．因醫學能準確的預測預後而處變不驚

當醫師的知能漸長後，常可以較準確地預測病人的「預後」(prognosis，疾病發展的狀況)，死亡既為意料中事，就不會將之看成是醫療的失敗，而是生命的自然律。醫師說：

◎如果病人是比較末期的，像是癌症末期，或是病無法醫治，還有像小兒科有許多是先天畸形的小朋友，那樣子的病人會覺得死亡事實上是解脫，可以結

束他們的痛苦。說實在對於這樣的病人就比較不會很傷心或是非常痛心的感覺。那種一生出來是因先天畸形或是癌症末期的小朋友，死亡反而會讓人覺得是一種解脫。

◎發現這個病人沒救了，或是還沒開刀就知道這個病人穩死的，這種病人不會覺得怎麼樣，反正儘量幫他讓他最後的這一段日子好過一些。

◎我是他的主治醫師，對他的病情非常了解，以自己的臨床知識跟經驗，也曉得這樣的病人是無法救治了，無力可回天的時候，你會很清楚，所以確認病人到臨終階段的時候，心情上應該是滿平靜，從醫師的角度來看，因為我們了解這樣的狀況，也能了解目前醫療的極限！

◎有時候病人已經到末期的時候，看他對病情的接受程度是怎樣，還有對疾病的了解。如果病人了解並知道自己已經到末期、快過世了，大概都已經做好心理準備，則我就感覺比較心安。我覺得自己對病人，該做的都做了。

有些醫師深受老莊哲學影響，看透看淡死亡，心情自然瀟灑。

◎這是一個人生的歷程，一個必經歷程。當你很清楚這件事情的時候，面對這個臨終的情況當然心情不會有很大的波折，因為覺得這是一個自然淘汰的過程。

◎有點像老莊的感覺，你不要把他當做消失，你只把他當做回歸自然，意思就是像花開了花謝了，很自然，那不算是麻痺！

◎早就知道沒有辦法救他，你何必一定要逼到最後，治到最後一秒鐘，那樣子很痛苦，也沒有意義。

如果大家都不覺得死亡是很可悲、很可怕的事情的時候，其實很多精神面或心理面的痛苦，包括病人家屬或醫護人員，大概都可以很自然的減輕相當大的壓力。

（二）已盡己責，盡人事聽天命

在醫學院學習的大都是醫療科技的知識，年輕醫師很少或甚至從來沒有學過醫病溝通中的重要課題：「病情或真相告知。」一當面對臨終病人詢問一些困難的問題時，就會驚慌失措或挫折感。這些問題有：

「醫師！我是不是快死了？」

「醫師！為什麼我的病愈醫愈糟糕？」

「醫師！我好痛苦，求你乾脆打一針讓我解脫好嗎？」

「醫師！你既治不好我的病，又不能解除我的痛苦，又不讓我死，你到底能幫我什麼嘛？」

當醫師不忍心告知病人真相，或不知道要怎麼與病人溝通時，就會產生逃避或挫折的反應。有些醫師頂著「病人有權知道他自己的病情」的正大光明，倫理上稱為「自主權」（autonomy）的理由，一律坦白全盤告知病人疾病的真相，也因此在民間傳出少數這樣的例子：告知後病人自殺、或得了憂鬱症，病情快速惡化、或病人拒絕再做任何治療等等的消極反應，這些消息會在民間迅速傳播開來，造成許多家屬要求醫護人員必須隱瞞病情真相。

問題的癥結點可能不在於「要不要告知」，而在於「如何告知」。據眾多的西方研究指出，疾病是生在病人身上，早晚病人都能從自己身體發出的訊息探知病況的嚴重性。然而若醫師很直接或魯莽地告知，不但剝奪了病人的希望，也是一種殘忍的行為。醫學是一門「科學加藝術」的學問，告知絕症病人的病情有很大的藝術成分，絕不能像「要或不要」這樣簡單以「是非二分法」解決。

當醫師從老練生出智慧，參透醫學的極限，學習到良好的醫病溝通，同時盡心盡力醫治病人之後，大都能心安理得地面對病人的臨終與死亡，同時具有以下正面的感受：

1．平安、滿足

有一位醫師說得好：

◎醫學的發展有一定的極限，人本來就不是神，我就盡我的力量去處理，沒辦法的話，就去鼓勵病人。盡量做，做到哪裡就算到哪裡，只要病人和家屬感到平安、安心，我就覺得很滿足。

醫師的平安與滿足極受病人的影響，如果病人／家屬呼天喊地要求醫師搶救，救不回來還要控告醫師，則醫師當然充滿挫敗與無助。若病人樂天知命，家屬合情合理，醫師就能從照顧病人中感覺到滿足與慶幸，人家都要求醫師要有「醫德」，其實病人也需要有「病德」：

◎醫治不同的病人會給我們不同的觀感。有一些病人很樂觀，他雖已達末期臨終，我們也不能給他什麼幫助，可是他還是很樂觀，我能照顧到這樣的病人覺得滿慶幸的，也會滿為他感覺安心的。

現代的病人常因細故，或希望獲取某些利益，而對醫師興訟告狀，殊不知每個人都有一天會需要醫師，假使造成醫師人人自危、力求自保的局面，損失的是全民與所有的病人之福祉。醫師能醫治有「病德」的病人，是醫病雙贏的局面；即使無法治療與挽救病人的生命，若能緩解其痛苦，提升生活品質，醫師也有很大的滿足感。醫師說：

◎雖然結局不完美，但若能幫助這類的病人在這段艱苦的時間緩解痛苦，讓他能有個比較好的生活品質，平安地結束人生，我們就會比較心安。

◎對於癌症的治療，我想就是要拿捏得準，該停的時候要停，這是要靠智慧。真的是很難啦！你的時間要拿捏得很好，雙方面都覺得相當安心。醫師覺得沒有罪惡感，家屬覺得可以接受，病人也覺得很舒服，不用再受很大的折磨。三方面都要有一個共識！

◎家屬已經盡力了，我們也盡力了，不要有遺憾，讓他們覺得這是一個大家都沒有錯的選擇，後來終究是死亡，但是死亡就這樣過去了，不要把他帶到另外一個事件，另外一個人身上，糾纏不清。

2．交給上帝、因緣、命運

醫師是科學家，年輕的時候也許充滿對「科學萬能」的憧憬，但後來的經驗將告訴他並非如此。病人的命已該絕時，醫師再能幹、醫術再好也沒有用。每位醫師有不同的背景及人生觀、價值觀，也有對宗教的不同觀點。一般而言，資深醫師在經歷了許多自己所醫治的病人死亡後，就會較謙遜地承認科學與人力仍有其卑微的一面，而對那不可知的「命運」存著敬畏之心。聽聽醫師怎麼說：

◎我還是覺得我有辦法do something（做一些事），幫病人做一點事情，求個心安，他心安你也心安，那接下來就是交給上帝了。

◎如果他不能活下來就是他的命運。

◎目前如果醫學無能為力，那就認命了嘛！

◎他也許是回到上帝那裡，不一定比較不好，因為他在這邊也是受很大的苦，也許這樣走了他就得到一種解脫也不一定。

◎不能說是放棄，是我們知道我們的能力到哪裡，知道要適可而止。

醫師會看病人對他臨終事件的接受度如何，若病人心裡有準備，至少會覺得較心安，認為已盡職責。知道醫學有極限，盡力之外，也要看自然的力量，盡人事聽天命。

◎我常問自己該做的有沒有做，有沒有幫他們。若我有疏忽的地方就相當難過。如果我覺得該做的能做的我都做了，也了解到目前醫療的極限，他還要走，那大概就是命！

◎剛開始我們都會盡力啊！但有些是超過我們能力，例如說，依我們的紀錄，六百公克以下的早產兒是很少救起來的，遇到這種情況，那一開始就想大概只能夠盡人事聽天命，try our best（盡我們的力量）！

◎知道有些病人你再怎麼救也救不起來啊，這個時候就會想：盡力都已經盡了，到底會怎樣也是要靠自然的力量，你沒辦法挽回。

3．明知無望，盡力醫治只求心安

有時醫師、病人、家屬三方面都能認知救治無望，但如果不用盡醫療武器，就表示未曾盡力，如此可能會讓醫師良心不安，或遭受親友、家屬，或輿論譴責。此時家屬、醫師和病人三方面的心態可能為：

家屬的心態

◎通常家屬最後還是會跑來醫院，因為他們無法忍受病人在家慢慢死去，他們認為送來醫院至少表示有盡力，心裡較好過。

醫師的心態

◎我們盡力救治，但病人活得那麼痛苦，生命也可能只延長幾天，有沒有意義呢？如果延長的日子他可以活得很好，沒有痛苦，那當然要延長。假如只是苟延殘喘的話，就是當做為了別人的心安了。

病人的心態呢？那就是「任人宰割」了！

二、撤除情感牽連

並不是每位醫師對死亡都能做哲學思考或以宗教家的悲憫情懷對待。太過敏感或情感豐富，有時可能會阻礙醫師本身的正常生活與功能，有些醫師因此發展出「情感隔離」的心理自衛機轉。這樣的心態可分成下列五項來說明：

（一）習以為常，沒有感覺

醫師當久了，死亡看多了，若時常情緒反應強烈，怎麼活得下去呢？若把它當做例行公事，按部就班，該做什麼就做什麼，不放入情緒，不去感覺，將自己的職責完成就好，這是醫師保護自己的好方法。以下是醫師的反應：

◎反正病人一定要死，我幹嘛要有情緒呢？我有情緒反應對病人也沒好處。每個人總有一天會走這條路，我有感情於事無補。

◎當醫師的第一個病人死掉的時候，會痛苦差不多一個禮拜，每天回去都會想到那個病人。後來醫師當久了，有很多病人在你手中死掉，愈來愈沒有感覺。對於家屬的徬徨，還有病人痛苦的感覺，我想的是：如果時光倒回來，那時候我們有沒有什麼比較好的處理方法。我會做的是比較理性的回顧，而非感情用事。

◎在我手上死掉是沒關係，只是當醫師會比較有感覺的是，到底這個病人是怎樣、會不會有醫療糾紛，這才是最重要的。其他的像會不會有什麼悲傷那種的感覺，很淡、很淡。

◎一直重複的刺激就覺得沒什麼了，習慣病人會走掉了，你想難過你也難過不起來了。

◎醫師做到後來都會很麻木啦！

◎我當時接到病人，知道他是癌症後來檢查出來已到了末期。不知道怎樣就是會記在心裡就對了。現在就不會，比較冷淡了吧！或用冷漠這個形容詞！

◎經過這麼多以後就麻痺了啦！也不能說是麻痺，就是比較沒有那麼強的感覺。

◎手上經手第一個死掉的，那是有感覺啦！不過後來慢慢就淡了，習慣了，就算是醫治一陣子會有感情病人，還是不如親人那種關係，不可能為他傷心掉淚。

◎現在去看末期病人都無動於衷了。有一絲絲的遺憾啦！不過好像不是會放在心上的那種感覺。

(二) 理性與感情分開

所有的「哀傷」都是由愛和情感的牽連而產生的。當親人死亡時，愛得最深的親人，也必定哀傷愈深。醫師若常對病人放入感情，病人死了，就會產生哀傷，常帶著哀傷情緒的他要如何去對待其他病人呢？所以醫師會將自己分成兩半，理性與感情分開，這樣就可長長久久做醫師。以下是醫師的道白：

1．只有一顆心，不能時常傷

◎如果你放太深的感情進去，到後來你每次都要碰到這種生死的事情，有些人就很不願意這樣而刻意不跟病人保持太密切的關係，每次一個你建立深度情感的人死掉你都傷一次心，你有幾顆心可以傷啊，很累啦！

2．對不會死的病人才能放入感情

◎醫師會講感情的，我想是小鎮醫師比較有可能，看不會很重的病，很重的病就往外面轉介出去了。如果只是看感冒等一些小病，那些病人不會死在你手上，那就會有感情。

3．實習醫師及住院醫師未建立與病人之間的歸屬關係，也因常調單位而不能「全程照顧」，所以投入不深

◎實習醫師或是當住院醫師感受都不一樣，是中間插進去的，覺得說事不關己，反正就是旁觀者嘛！

◎當住院醫師的時候比較忙，而且人生體驗也沒那麼多，所以在看到臨終病人的時候，通常不會想到那麼多的感受，只會想到醫療上的處理，主要是醫療的部分，比較少會想到心理、社會的部分。

◎那時候因為不是屬於我的病人，只是幫主治醫師照顧，所以就比較沒有感覺，沒有難過或害怕；當住院醫師只是做我的本分的工作，比較不會有感覺。

◎常常都是沒有全程照顧嘛！就是中間插進來，前面怎麼樣，我也不清楚。每一個病人都是一個故事，當住院醫師常不大清楚病人的故事。

4．主治醫師非第一線照顧病人，職業病使之常用理性的安慰口吻對待病人，很難與病人感同身受

◎以前當住院醫師的時候是第一線照顧，親自在處理，現在擔任主治醫師，與病人中間還隔了住院醫師，所以距離比較遠，感情常常跟理智會分開，時間

久了就會有這種職業病！自己有時候突然間會覺得，對每一個人好像都有那種職業性的安慰的口吻，講多了，那種習慣性的語氣會講出來，較不帶感情。

5・情感與理智是可以用二分法分開的，情感暫且放一邊，讓理性來主宰

◎遇到病人去世的時候，不只是病人家屬，其實我們自己也會受到震撼，只是慢慢把那種情感壓到心裡面，就變成二分法一樣。

◎有時也懵懵懂懂，反正病人很快就會過去，照顧病人比較重要，先把情感的東西放在一邊，就會比較理性。

◎我個人已經沒有感受了，當學生的時候才會講什麼感受，現在都是以職業上的態度來面對。

◎我可以有自己的生死觀，可是我當醫師時，這是我的工作，我不會把個人的情感帶到工作來。

◎常對病人情感捲入有時候你會覺得很累啊！因為我們外科醫師不管怎麼開刀都有病人會死，莫名其妙死掉！我們又不是上帝，病人死亡是一定會有的。你一生之中一定會碰到的。

◎我不同意sensitivity to human death（對人類的死亡敏感），或是human suffering（對人類的受苦敏感）是醫師的優點，我不覺得這是絕對的。

◎身為醫師應該做到的就是有sensitivity（敏感度），可是盡量不要情緒捲入，就是你要去體會別人或其他人的感受，可是你自己不要為了這些事情影響自己的情緒。

◎醫師工作壓力就滿大的，所以如果他為了病人的生死而痛苦，也在這當中經常讓自己情緒上或感情上受很大的負擔的話，我想這不是從事醫師職業的正確健康態度。所以在醫院可以和病人一起哭一起笑，可是回到家的話，你還是要保留自己的空間。

有些非常「科學家精神」的醫師，面對病人的臨終與死亡時，是抱著學習的態度，若病人的反應如書上所寫的，就覺得很有趣，而不捲入感受或感情。

6．檢討反省，從經驗中學習成長

醫師這一行是應用科學，臨床經驗會教他很多書本上學不到的東西。因此無論醫師的位階多高，如已當到院長、校長等，他仍然保持著臨床醫療的工作，也能因此而不斷成長，這也是其他行業所不及的地方，如護理專業，當位階一高，就會脫離了臨床服務了。從以下醫師的談話可以看出醫師的「活到老，學到老」：

◎如果在這過程中自己覺得可能做得更好來改變這個結局的話，我想這是完全不一樣的事情了。這時候當然自己就會有一定的檢討，我不會用內疚這個字，我只會思考我可能做得更好而已；而且也沒有人知道，我可能有一番自己的檢討和重新對於自己的一些檢驗吧……那內疚的事情……謝天謝地，現在都還沒發生過。

◎每一次的刺激都會有新的成長，可能都是很深刻，但起伏卻是愈來愈平靜。

◎若是自己的失誤造成病人的傷害，失誤包括你的某些處置造成的問題，或者說你的疏忽，沒有注意到，該注意沒有注意到，讓他出問題了，這樣就會影響你的情緒比較久一點。

◎幾乎每個病人，每個新的病都是一個新的挑戰。

◎對我來講，做了該做的，盡了全力，就不會影響到我的生活，不會影響到我的醫療，不會影響到我的成長，不會影響到我的任何事情，而且是好的，因為從中獲得的經驗讓我在能面對事情時變得更成熟。

◎每一次病人的離去，都給了我無形的學習；很幸運的就是說，每一次都會接受到刺激。

◎在醫治病人的時候，他會把以前不愉快的事情一直往你身上倒，那對醫師而言，他也要學會怎麼去處理這些事情而不會影響到自己，我是覺得要兼顧病人的心理，但是醫師也要想辦法處理自己的情緒問題。

◎對病人也要付出同情、關照，但病人終究不是你的親人。我從病人身上學了很多，很年輕的時候就學很多死亡的事，但還是沒有辦法很深刻地去感受。

（三）忽略病人的感受

保持自己的「不敏感」，以「事不關己」的態度，就可以在醫師的專業上長長久久。有些醫師對病人的思想與感覺並不感興趣，卻對其醫學的現象感興趣：這樣的醫師將醫「病」與醫病「人」分開，他對知識的著迷程度勝過對於人的關心，但他卻也可能因此而成為很有成就的大牌名醫。

◎病人怎麼會有一些奇怪的感覺而不會痛，我很好奇就一直追蹤一直追蹤。我是抱著一個學習的態度去觀察，也沒放什麼情感或感受，純粹是對學術上的興趣。

◎沒有想到病人面臨死亡時他的一些感受，你可以說我不夠敏感。
◎不會再替他們想，「當他們接受這個消息之後怎麼樣去幫他們緩解心理上的衝擊」，不會去想到這個問題，因為好像就是丟出去之後我的責任就沒了。
◎有時事不關己就不會有感覺。
◎有很多在照顧上本來就是醫學或科學的極限，遇到這樣的情形只能說是醫學上的挫折。若以個人的角度來看並沒有挫折感的問題，也不放入感情。

（四）醫療經濟學的考量

擁有這種想法的醫師非常普遍，在醫療費用高漲的歐美國家，更是訂定制度「不允許」末期病人住院，否則保險給付會有問題。但先進國家有配套措施，安寧療護就是專門照顧這樣被醫院「拒絕」的病人。此外「居家療護」及高品質的療養機構紛紛設立，使得病人仍有地方可去，且被有尊嚴地對待。反觀國內，只一味地將臨終病人趕出院，卻缺乏良好的配套制度提供後續照顧，使得病人與家屬有「天下之大，卻無處容身」的絕望感。看看有些醫師的想法是這樣的：

◎住院每天花的醫療費用也滿高的，所以另外一個考量就是說，這樣的生命再持續下去也沒有意義，對社會整個的醫療支出，是不是值得？我們醫師在面對死亡的時候，這一點多多少少也考慮在裡面。

◎癌症末期的病人我通常不希望他們住進來佔著床位，這床位需要給可救治的病人。

（五）淡漠麻木

民眾有時對一些經常參與死亡的行業，會存有「刻板印象」，即「淡漠麻木」，這些行業包括殯葬業者、救護業者、長期慢性療養機構內的工作人員，以及醫師與護理人員。我特別將此問題直接提出來，請所訪談的五十六位醫師回答，「淡漠麻木」到底存在嗎？若真如此，應該悲天憫人的醫師又為何會變成這樣？經歸納整理後，發現少數的醫師確有此現象，其原因有下列四項：

1．重複刺激，已激不起漣漪

當實習醫師時第一次遇到病人死亡會睡不著覺難以釋懷，隨著經歷的增加，接觸臨終事件的機會增多，同樣的刺激重複，久而久之就習慣，想難過也難過不起來，因而比較冷漠，醫師當久了會麻痺，沒感覺，無動於衷！雖會有點遺憾，但不會放心上。不介意病人在自已手上死掉，事不關己就不會有感覺，只是擔心是否會有醫療糾紛。

◎當實習醫師的時候，真的會讓你放不下，尤其你接的第一個病人發現到了末期，你真的會睡不著覺……我當時接到病人，我知道他是癌症，後來檢查出來也是末期，不知道怎樣就是會掛在心上就對了。現在則不會，比較冷淡了吧！或用冷漠這個形容詞。

◎其實病人看久了會麻痺，說實在沒有感覺！已經沒有悲傷的感覺，醫師做到後來都會很麻木啦！其實我們內心……我們知道要怎麼處理，但因為不是很親密所以沒什麼特殊的感覺。有時候事不關己的東西，不會有那種感覺。

當第一次碰到臨終與死亡的病人會有感覺會震撼，情緒會受到影響，但刺激多了就會慢慢習慣，感覺也會淡掉。

◎剛開始的時候，就跟一般的人、就是很沒有醫療經驗的人一樣會有情緒上的波動。有時候激動啊，或者心理上的那種挫折、低潮啊，這個都會經過啦！這是很自然的事情。第一個經手死掉的，會有感覺啦！不過後來慢慢就淡了，習慣了，這種病人你照顧一陣子會有感情，可是那種關係還是不如親人，不可能為他傷心掉淚。

◎剛當醫師，第一個病人死掉的時候，會痛苦差不多一個禮拜，每天回去都會想到那個病人，後來久了，有很多病人在你手中死掉，會愈來愈沒有感覺。一直重複的刺激就覺得沒什麼了，習慣病人會走掉了，你想難過你也難過不起來了。

2．早知他會死，所以不能放入感情

醫師以其專業知識的優勢，可能很早就知道病人的預後不佳，早晚都會死亡，因此從一開始就將感情撤離了。一位醫師說：

◎我早就知道這個病人沒救了，或是還沒開刀就知道這個病人穩死的。我對這種病人的死亡較沒什麼感覺。

3．人生體驗不多，心理社會層面的學習很少

能進入醫學系就讀者大多是「天之驕子」，集聰明才智及經濟社會的優勢於一身，對於人生的苦難，有親身經歷者為數不多。醫學系的七年課業與住院醫師的訓練中，皆著重科技，對於病人、家屬、自身的心理社會及靈性層面的探討，甚少著墨。在漫長的住院醫師生涯中，未建立與病人之間的歸屬感，也不是「全程照顧」，蜻蜓點水似的醫病關係更難深入病人的情感層面。等住院醫師升上至主治醫師時，習慣了原來的行為模式，也就無法改變了。以下是醫師的表白：

◎當住院醫師的時候比較忙，而且人生體驗也沒那麼多，所以在看到臨終病人的時候，通常不會想到那麼多的感受，只會想到醫療上的處理，主要是醫療的部分，比較少會想到心理的部分。

◎實習醫師或是當住院醫師感受都不一樣，是中間插進去的，覺得說事不關己，反正就是旁觀者嘛！因為總是不是自己的親人，所以可能沒有這種悲傷、憂愁的感覺。

◎住院醫師的時候，不是一直看一樣的病人，因為我們的科輪來輪去，所以我只是蜻蜓點水，這感覺不會非常的深。

4・「視病如親」壓力與負擔太大，還是保持距離，以策安全

情緒的波動非常耗費能量，若醫師將每位病人都視為自己的親人，自己的朋友；病人也對醫師全然的信賴，一旦病人去世，其能量的損耗非常可觀。醫師工作繁重而忙碌，為了保持精神體力承擔這麼多病人的醫治工作，也只好硬起心腸麻木不仁了。

（六）見山又是山，因擔心自己麻木不仁而找回初心

部分的醫師在「見山是山」的情緒激盪後，會漸漸走向「見山不是山」的淡漠麻木。當他警覺到自己的麻木不仁並非自己的性格或自己想要的，再經過反省後，又能「見山又是山」，找回醫者的初心，再度成為同理（感）病人的醫師，只是現在的山水已與往日年輕時的不可同日而語了！以下圖來表達醫師的變化：

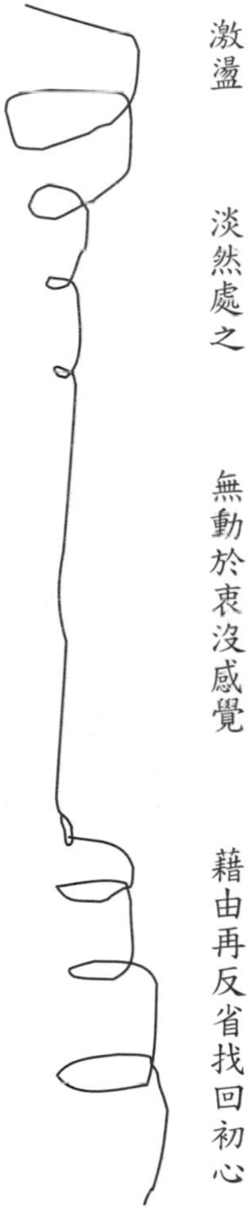

第四章　醫師的軟弱與疑問

醫師也是人，也有他自己的家人及親朋好友。醫師有凡人的感情與理性，也有屬於凡人的身體、心理，與靈性，脫下白袍，他與一般人無異——會生病、會死亡。前三章是醫師面對自己所診治的病人臨終與死亡時之態度，本章就將焦點回到醫師本身，探討醫師在面對自己親友死亡時之態度，同時探討醫師本身的生死哲學觀。

一、醫師面對自己親友的死亡：從「他死」到「你死」

病人是自己的至親時，醫師的感受與想法會與面對非親非故的病人有所不同嗎？曾有一位德術兼備的小兒科醫師，其七歲的寶貝女兒聰明活潑調皮，有一陣子常向母親訴苦肚子痛，母親告訴小兒科專家父親，請他替女兒檢查一下，醫師父親卻說：「她活蹦亂跳的，哪有什麼病？大概不想上學，藉口肚子痛吧！」誰知小女孩肚子愈來愈大，等父親警覺不對勁時，已是肝癌末期。小女孩死後，醫師父親得了深度憂鬱，母親因怨怪父親的疏忽而始終冷戰，夫妻感情也出現危機。

身為一個醫師，不但病人／家屬依賴他的診治與協助，他自己的家人、親友也常以有一位醫師親友而感到光榮、驕傲，一旦有病，全指望這位醫師的醫治與幫助。醫師在醫院扮演著濟世救人的角色，回到家中及社交生活圈時，雖無白袍在身，也仍扮演著眾人所信賴所依靠的救苦救難角色。然而，醫師自己的需要呢？他能向誰去求助？當醫師自己出現困難、軟弱與疑問時，該向誰去傾訴呢？尤其在面對自己的家人親友生病及死亡時。以下歸納出一些醫師之感受與想法：

（一）視親友關係深淺與死亡過程長短而不同

醫師面對自己親友死亡的感受，可以分為關係深淺與死亡過程長短而不同。一般而言，關係深、病程短者哀傷感較強。有一位醫師描述：

◎因為都是一直昏迷，在家屬的立場來看並沒有呈現很多肉體上的痛苦，也比較沒有靈性或心理層次的問題。我做為家屬其實到他死亡那一刻，我也沒有好好想過怎麼去調適、接納這樣的事情。臨終的過程很長……。

因為臨終過程長，大家心裡都準備了又準備，家人甚至已經力盡筋疲，病人一旦死亡，可能家人反而有「如釋重負的解脫感」。

（二）悲傷

「死別」是人間最大的失落，人對失落的反應就是悲傷，一般醫師不習慣流淚，更不習慣向人傾訴以疏導情緒，於是只好將悲傷往肚裡吞，靜靜地承受，聽聽醫師的表白：

◎我現在對母親的死還是感觸很深，我是一直覺得很悲傷，而且很痛苦。恐怕也就是這樣靜靜地，慢慢承受親人的死亡。

◎連續三個月內，祖父母去世，一直很難過，甚至在祖母突然去世時我都無法幫人開刀。

自己沉浸在悲傷中的醫師，仍得扮演著救苦救難助人的角色，是相當辛苦的。

（三）內疚

做為一位醫師卻無法救治自己親人時，最常見感受就是內疚。內疚帶給醫師很大的壓力，但也可能就此改變，變得更能體恤病人，對病人家屬更有同感（理）心，同時也會更珍惜現存的親人關係。有一位腫瘤科醫師，親自為他最疼愛的妹妹診斷及治療血癌，當妹妹去世時，他看到躺在床上因化療而烏黑秀髮盡脫落的光頭時，心中一陣刺痛，浮現出一個不合理性的念頭：「天啊！我算什麼醫師！我怎麼把妹妹弄成這麼難看的光頭！」之後他對病人家屬的悲傷更能感同身受，常常一句話或一個拍肩的安慰，就能撫慰家屬的心了。以下是兩位醫師的心境：

◎我父親去世得很突然，因為我跟他沒住在同一個地方，他跟我弟弟住，他被送到醫院，當我去看的時候已經在急救，不久就死了，是心肌梗塞。剛開始當然比較不容易接受，因為我本身是心臟外科醫師，常常就是處理這樣的情形。所以會覺得內疚：為什麼以前都不知道他有這個病？我們家人都有胃病，所以有時候會把胃病和心臟不舒服混淆了，因為一般來講都以為是胃病，沒想到會是心臟疾病。心臟疾病一發生就非常快，太突然就無法適應，有罪惡感：為什麼我們都不知道父親有病？

◎經歷母親去世後，也面臨好像快要失去父親的感覺，就是因為有這樣的感覺，所以我現在和我父親的關係比較好，也較能體會病人家屬的心情。

（四）矛盾

常使用醫療武器的醫師，願不願意將這些武器施行在自己親人身上呢？醫師的心理其實是很矛盾的。在對待病人時，常聽從其家屬的意見，當自己成為病人的家屬，而且還是病人的醫療決策者時呢？要怎樣與主治親人的醫師同仁溝通？各種侵入性醫療措施，在做與不做之間常須等到其後果才知道是否做對了決定，誰也無法未卜先知！因此若親人飽受醫療的摧殘折磨，最後仍無法救命治病時，死亡反成為一種解脫了。

但是人死了，就消失了！雖然躺在醫療武器中備嘗艱苦，至少還是活著的，可以看到他、摸到他，因此又情願他受些苦但至少能活著。這種矛盾，醫師親自體驗過了，將可能更人性化地對待其他病人。醫師的矛盾如：

◎我媽媽就是在我們醫院去世的，到最後我也會覺得走了會比較好一點，因為她臨終就是在加護病房，用呼吸器維持生命，也還在洗腎，看起來好痛苦！

◎我母親原先是一個很光鮮亮麗的人，自從她來開刀以後漂亮的外表變了形，從她心臟的問題一直到骨髓，變成開完刀就是半身不遂。我覺得生命至少可以維持，雖然生活品質不好，但至少我們都還看得到她呀！如果帶回去不治療可能就死了，永遠也看不到了，心裡好矛盾！

(五)遺憾

即使是身為醫師，也很難在親人間開放地討論死亡。親人健康時認為不需要談，等生病時又不敢談。若病人已無法表達，大家便開始猜測他的意願，開家庭會議時意見紛紜，常須由做醫師的家人做出最後決定。醫師責任重大，若處理得不盡理想，還得背負自己良心的譴責、遺憾或後悔。這些負面情緒很難受，生活又忙碌，因此會用「不去想」來保護自己而盡快回復平靜，盡快投入原來的醫療生涯之中。以下是醫師的切身體驗：

◎愈來愈覺得趙老師提出的預立遺囑很重要，我媽媽身體一向很好，但一生病就是腦血管出血。生病前三天才從日本回來，她倒下去的那一天下午我去台北看她，完全沒有預兆，雖然後來拖了將近一個月的時間才過世。我們覺得她很多事情都沒有交代，也沒有談過，也無法讓我們照她的意思去做，因而會有遺憾。

◎當然也有想過說，早點告訴他病情會不會好一點，後來想說事情都已經這樣了，我不想再胡思亂想，想太多不太好，不想去掛念以前怎麼樣不幸的事情。想太多有可能變成說後悔自己當初為什麼沒有告訴他，不過當初自己那樣做真的會比較好嗎？也不見得嘛！

◎對於家人來說，若親人是意外死亡，像心臟病或是出血那種快速死亡，就會很難接受，因他沒有足夠的心理準備。我有很深的體會。

（六）反省

「死亡」是需要體會的，醫學院的教育較少「情意教學」，所以親人的死亡會迫使醫師正面去認識並反省死亡，從中更能體會並反省生死觀及醫療體制的價值觀。醫師因為有許多病人死亡的經驗，相對而言調適得也會比較快。

◎我的祖父母也都過世了，小時候祖父母對我影響很大。小時候在鄉下長大，都是祖父母照顧我，所以兩個人連續在幾個月之內過世，從那個時候起，我悲傷了很久，好幾年我現在不太記得。我媽媽在去年一月過世，那時我的悲傷更大，所以就漸漸對死亡有了認識。以前從未領悟這個年紀需要面對死亡，現在心裡面就有一個認識：我想要不是經歷祖父母死亡，讓我慢慢了解生死的事情，恐怕一下子要我面對媽媽死亡，可能會急遽得受不了。

◎因為是自己最親近的母親，會很難過。她的情況是慢慢退化，我照顧的病人每天都有類似的情況，心靈上不會有太大的調適的問題。

自己當醫師，對醫治病人的輕重緩急常被價值觀影響，一旦親人成為醫療價值體制中「最不重要的人」時，醫師也沒話說了！

◎可以治癒的病人他一定會被擺在第一位，因為他被治癒以後可以滿足醫生的成就感；若不能治癒，但你會看到治療的反應，這樣的病人，你會擺第二位；那種已經知道做什麼都沒有幫助的，你會把他擺在最後一位。一個醫生的時間有限，怎麼去分配他的時間？不是說拿病人多少當分母來分配醫生的時間，而是以加權計分來衡量的！他們這樣對待我的父親，我也只好認了，因為我可能也是用同樣方法對待別人的父親。

（七）淡然

即使是自己的親人死亡，有些醫師仍然可以「不牽連感情」，這當然與亡者的親疏有關。不過，若醫師一向對待病人的死亡都是以「沒有感覺」，習慣性地處理死亡的態度，那麼有天即使發生在自己親人身上，也可能同樣地淡漠以對了！甚至會在經歷死亡後的許多葬禮雜事中，產生了厭煩感。以下是醫師的話：

◎因為和爸媽已經很久沒有住在一起。如果聽到我爸爸過世了，大概也是一般事務性的處理；心理上的變動我想是會有，但是，可能不會衝擊很強烈。

◎在很久很久以前，差不多父親去世半年以前，我們大概都知道他結果不好，所以他去世的時候沒有特別的感覺，早就知道這個日子快要來了，所以也沒有特別的震驚。

◎你看到長輩死，你的感觸不會這麼深，覺得他們那一代結束而已，但是如果看到你的晚輩或平輩死，你的感觸會很深，好像就快輪到我了。

◎死亡的儀式很麻煩，找墳墓很麻煩，很多禁忌，忌諱很多，當你忙的時候就會想說快點弄一弄，悲傷真的是沒有，只是人不見啦！

二、病情告知最困難

醫師除了處理自己親人死亡時的困難外，還有一項經常要面對，卻缺乏學習資源而令醫師相當頭痛的事，就是如何向絕症或臨終病人做「病情告知」。歸納五十六位醫師對此主題的論點有以下十項：

(一) 在整個醫學教育中，老師並未教導怎樣直接跟病人做有效的溝通、告知病人壞消息、如何宣布病人已無法治癒，死亡就迫在眼前。醫師如何與病人溝通互動是醫師感覺困難的教育面向。

◎最大的困難就是你明明知道他的病情愈來愈壞、愈來愈走下坡，卻真的很難開口跟病人本身講。覺得自己還是面對很大的障礙，就是如何開口和病人本身溝通說他很可能相當危險。

◎現在的醫學教育在這方面的訓練，好像變成讓病人自己從別人的眼神中知道自己快死掉了，不是實際上跟他討論這方面的問題。

(二) 台灣的家屬常為保護病人而要求醫師隱瞞病情。若答應家屬隱瞞病情的要求，是省掉許多麻煩，但在法律上醫師有告知的責任；在倫理上，是病人的身體，病人自己的未來，必須由病人自己來做醫療決定，因此醫師有告知病人的義務。為免產生日後的糾紛，有些醫師認為最好先獲得家屬同意，在告知的時候，整個家庭都在場，以免發生誤會與猜忌。

◎臨終病人若是兒童，若他懂事後，你要告訴他他得到什麼病，這個病我們現在想要這樣治療他，然後要讓小孩、家長都弄清楚。但我們台灣現在處理這種事情就是不想讓孩子知道。這是一個大問題。

◎病人年紀輕的話，我會儘量想辦法讓他知道，可是一定要經過家屬的同意，我覺得要取得他們的諒解，如果你沒有取得他們的諒解就跟病人講，病人一開始可能會很震驚，然後會有一些反應出來，家屬就會不諒解，就可能造成我們的困擾。

(三) 醫師最大的困難是時間問題，若不告知就省事得多。醫師有相當的自主性，沒有人會強迫他告知或不告知，端視醫師本身的判斷。醫師的時間太少，要處理的病人事務太多，告知病情須先評估、溝通、處理告知後的情緒等等，在在需要時間，使得醫師頭痛。

（四）告知病情是藝術，壞消息用好態度，盡量減少對病人的傷害與後遺症，這是一個需要不斷學習及練習的課題。尤其是對不同的成人、青少年、小孩子，都應有不同的方法，須因個人、個別的家庭而異，要有極大的彈性。同時在告知壞消息時還要能表達對病人的支持、關懷、鼓勵，與安慰，這是相當困難的。以下是醫師的難處：

◎我們現在會主動向家屬提起告知病人，沒有提，他就不知要怎麼與病人談，如此才會讓病人改變，而且有時會感覺病人滿懷著那種感激的心情。

◎要先說服家屬，和家屬的想法溝通，不能不管他就貿然跟病人講，不然會有問題，因為家屬可能有不同的考慮。

◎就小兒科來講，面臨到很大的問題是，很多家屬不想讓病人知道，像有個小孩子的個案，我覺得應該讓小孩子知道，他有好朋友，他想要做什麼、交代什麼，以及如何處理，所以應該讓他知道，讓他做一個心理準備，但家屬不答應就難了。

◎我們心中會依病人本身的教育程度，對醫生的解釋能不能夠了解來自行歸類。我傾向和病人本身做一個解釋，如果沒辦法的話，還是尊重家屬的意見。如果病人的醫療知識水準夠的話，可以解釋可以接受的話，甚至連化療或放射治療這些都會跟他解釋，都會介紹一些醫師給他認識，做為以後的一個計畫；如果病人跟家屬意見強烈不同的話，我個人傾向於尊重病人本身。

（五）須花費時間評估不能直接告知的病人，如：憂鬱、神經質、非常抗拒疾病的事實者等等，這類病人若直接告知會對醫師與病人雙方造成很大壓力。因為告知的目的就是為幫助病人接受現實，或是能慢慢調適。如果病人未蒙其利，反受其害，那就得考慮不告知了。醫師的考慮是：

◎如果是年紀大的話，家屬會不想讓他知道，而且這病人也不是很能了解。

◎知識程度不是很能了解的情況，或是有點老人痴呆等的現象，那就犯不著讓他知道得非常詳細。

◎除了要看病人的生理年齡外，還要看他的心理年齡及狀況。

◎末期的病人事實上有很多種想法，萬一你去踏到他的禁忌，或是你去碰觸到他的短處的時候，有時他的反應會很強烈。

（六）有少數的醫師贊成告知真相是善盡做為醫師的職責，因此主張全部得告知，如此病人才能配合醫療計畫，病人也才有可能為自己做負責的選擇。病人可以選擇接受另外種類的治療，但應尊重他的自主權；病人在不知真相的情況下，是沒有自主權可言的。若隱瞞病情而使病人做了錯誤的選擇，則很遺憾。

◎我是比較贊成如果病人在不得不面對的時候，讓他早點面對。
◎我覺得病人有知道的權利。
◎希望病人能夠知道他的病情，這樣的話，我們在治療方面會比較沒有障礙。
◎我個人覺得病人應該讓他知道，而且要告訴他他的預後，我們要分析給他聽：所有的檢查結果是怎樣、根據別人的經驗還有我們治療的結果你可能還有什麼要擔心的、如果說要克服這些的話可能要做什麼進一步的治療。這有點像跟他協商，看他能夠接受到哪一種程度，雖然沒有辦法完全按照我們的意思，但盡量接近我們正常的治療方式，就達到目的了，當然最好就是一板一眼根據我們應該有的方式繼續治療。

（七）其實病人若意識清楚，大多能感覺到自己病況的嚴重度，尤其是年輕的病人。一般民眾對患絕症的小孩或年輕人大都傾向救治到底，但若他們根本不可能有「未來」，而醫療武器又造成極大的痛苦，太過劇烈的治療其實沒有意義。但在台灣仍是由家長來決定醫療的方針，而非醫師。

◎有些人會知道自己快死掉了。其實每個人都有這種能力，端看你的心有沒有很敏感。心愈單純、愈平靜才能sensitive（敏感感知）。

（八）要做「病情告知」這樣嚴肅的話題，最好有一個隱私的、不被打擾的獨立空間，如「會談室」，才能在良好溝通的氣氛中告知。

（九）告知殘酷的現實真相需要給病人調適的時間，他們可能比我們想像的還堅強。

有兩位醫師說得好：

◎在病情開始變化、治療沒效的時候你讓他知道，其實他心裡早就會有一個衡量，雖然大家都在期待奇蹟的發生，其實他也有底了。這時候你跟他講「沒有辦法了，我們現在以照顧不舒服症狀為主」，他經過比較久時間的醞釀與沉澱，就不會一時無法接受。

◎以前常會覺得要善意的隱瞞。尤其在實習醫師階段跟當醫師早期的年代，會覺得要去隱瞞病人病情，讓他少知道，可能對他會好一些。可是這些年來，慢慢會覺得其實病人不是我們想的那麼脆弱。告知他們的時候，他們可能會比較脆弱，但一段時間之後可能就會恢復，而且或許他會走得更好。這是我經過這些時間來的改變。

（十）醫師的個人意見：有些醫師有個人主觀意見，他們會將病人分類，有些病人可以談，有些不能。如下面的兩位醫師之主觀想法：

◎教育程度要到某種程度以上，經濟能力要中上的，病人才會跟你談這種事。有時候病人會主動跟你談，或是從其他消息來源或報章雜誌來問你，要有一定程度才會思考到這樣的問題，如果經濟能力不好，教育程度低下，他們大部分就不會討論。

◎談死亡其實不是可怕的，但中國人你不要動不動就跟他談死亡。

三、誰扮演操縱生命的角色：安樂死與自然死的思辨

我國過去曾有多個研究探討醫師對安樂死的看法，但皆屬量性研究，用設計好的問卷請受訪者勾選，較無法有個人性的或問卷以外的答案。本書訪問的五十六位醫師是用開放式的問題探訪他們對安樂死與自然死的思辨，可以獲得較深入且非常本土性的醫師觀點。以下歸納出的四大類為：反對安樂死、贊成安樂死、有條件贊成安樂死，及贊成

自然死。

（一）反對安樂死

反對安樂死的醫師們較多，其理由有以下六點：

1．醫師不願執行有謀殺意味的「安樂死」

◎我大概很難接受，因為我總覺得安樂死還是有謀殺的意味存在，我不會去執行這種事。

◎在我的宗教信仰，標準答案就是不能做安樂死。在教義裡告訴信徒不能殺人。

◎我還是不能接受，我覺得安樂死是利用外力讓人提早走。

◎安樂死就是在病人還可以自己呼吸、還有生命跡象的時候，用藥物讓他死掉，與殺人沒兩樣。

◎安樂死等於我們幫助病人死亡，是醫護人員的主動作為，廣義來講，等於謀殺。醫師不應該變成謀殺的人，濫用的結果就會造成很多擾人的問題，所以安樂死是不能開放的。

◎因為怕有人利用安樂死當做謀殺謀財的工具。醫師還昏頭幫別人幹掉人，讓人死掉，這樣是不對的。

◎對於持續性的植物人狀況，也許我們不需要給予太劇烈的某些處置，安樂死基本上是殺人，即使美國這麼自由的國家，我相信百分之九十九以上是不會贊成安樂死的，更不用說根本還不確定是不是植物人，我覺得更不應該，以醫師的立場來說，是救人第一，沒有理由去殺人。

2·人們應努力面對問題，處理困境，而非一死了之

有些醫師會從生命價值觀來思考安樂死，若人們用死亡來逃避所有的痛苦與困境，就沒有機會成長了，安樂死基本上是為了「痛苦」而解決「人」。醫師說：

◎不少身體完全健康的人，他也生不如死，這我們可以給他安樂死嗎？當然不行。他們去自殺，我們不能幫助他自殺，換句話說，不是只有宗教面，我個人認為即使他真的是生不如死，也不會幫忙他安樂死。這是他對生命價值觀的問題，是他對環境挫折適應的問題、承受的問題。不能夠幫不成熟的人早

點死亡，這些人都必須自己去面對他的不成熟，面對他人生歷程的一部分。沒辦法成熟的面對問題，我們才更需要幫助他，而不是讓他一死了之。

◎你將他的死亡加速，將他的痛苦減少了。可是你不是他，你不知道他的痛苦是否真的有減少，病人還沒到他該死的時候，你就把他殺了，他可能會更痛，是心理靈性上的痛。

◎假如他要求安樂死是表示放棄，一個放棄生命的人應該不會很平安。

◎醫師是救命嘛！救苦救難。你讓他現在走，可能他身體上不會再痛苦了，可是他心理面的難過、心理面的掙扎可能比他身體的痛苦還多。

◎我是覺得，當然他活得很痛苦，但人活著事實上不只是為自己，還必須考慮到他的家人，病人自己想死，那他的家人願不願意讓他死呢？

◎安樂死就是由於安寧療護做得不好，才會出現的問題。

◎我還是覺得我們可以用比較正面或更樂觀的態度來接受死亡，這樣的話，可以結束掉我們很多感情上的重擔。

◎我滿欣賞日本人，在世界所有民族裡面把死亡神化、美化，做得最好的就是日本人。其實我想說的是安樂死或安詳死還不夠好，當然有很多死亡過程的確是很痛苦，可是針對死亡本身來講，如果我們以更開放更坦然的態度來面對的話，其實有時候也可以是美啦！

◎我想病人會想要死亡，幾個比較重要的原因，第一是病人有肉體上的痛苦沒辦法解除，第二是病人有精神上的問題，如病人有很深的憂鬱，因此醫師必須先治療他的問題，而不是殺了他。

◎自己是否可以決定自己的死？這是相當嚴肅的問題，有些人說我要自殺你管我幹嘛！安樂死是不是算成一種自殺？自殺大家都認為不行，為什麼安樂死就可以呢？

3．安樂死有倫理道德上的及法律上的顧忌

許多醫師表示在臨床上每個案例的情況都很複雜，病人的生理、病理、醫療、心理、靈性等現狀，加上家屬的意見、社會背景等等，既然安樂死在國內不合法，倫理道德上又有很多爭議，乾脆就不要做，免得引起軒然大波的後遺症。醫師說：

◎安樂死在法律上目前是不容許的，所以即使病人希望我們做，我想我還是不會去做。

4．宗教信仰不允許，或人無權力扮演操縱生命的角色

無論佛教與基督宗教（包括基督教與天主教），對安樂死都採取反對的立場，有些醫師在情感上偏向贊成，但信仰上又不允許。四位醫師說：

◎我想在我生命的優先順序裡信仰是排第一位的，所以任何牴觸信仰的事情，我是不會去違反的。

◎生命這個東西，我們只有使它往後延，好像沒有往前提的權力。

◎如果是我，大概會去考慮安樂死，但是我還是不會去做，因為違反我宗教的原則，所以結論是我照顧的病人和我本身都不會發生這樣子的事情。

◎我總覺得你很難扮演上帝去決定一個人的生或死。

5．社會應設法建立完善的體制，減少安樂死的聲浪

人道主義的醫師一聽「安樂死可以減少醫療浪費」的主張時，就會義憤填膺，他們認為醫療體系在其他地方已有鉅額的浪費，不能以減少人命的方式來縮減醫療支出，這是非常功利主義導向的價值觀，不能藉著減少醫療浪費而實行安樂死，社會應有長期配套措施照顧受苦的病人。

6・完全了解病人不易，若一旦錯誤，人命無法挽回

病人的心願會隨時隨境改變，並非持續性地要求死亡。有三位醫師說得好：

◎真正會一而再再而三明白跟你講他願意死掉，請我們給他什麼藥的，在我的病人極為少數。

◎家屬的看法，病人本身的看法，其實說真的我不是很了解，根本沒有機會不犯錯，所以我們沒辦法幫他們做這個決定，真的很困難。叫我主動去幫他安樂死，我想我不會這樣做。

◎如果病人只是因為很疼痛然後就說要提早走，我想我不會貿然幫他，而是先處理他情緒的問題，等他情緒處理好了，也許他會改變想法，如果一開始就只要他講什麼就幫他，恐怕對他反而是一種遺憾。

7・病人辛苦活著或死亡消失，家屬的哀傷會不同

醫師不但考慮病人，還會考慮到家屬，他們認為：

◎病人本身會覺得自己解脫是一件好事，可是對家人的心理影響滿大的，因為家人覺得說，「雖然你過得很不好，你覺得很痛很不舒服，我這麼辛苦付出，就是希望你能活著，活著就好！」

◎我的觀點是家屬認為「至少看得到人，雖然照顧那些植物人很累，可是我們盡力啦，如果真的死掉了，就是看不到人了，只能看照片」。我覺得我應該不會給他安樂死。

（二）贊成安樂死

部分的醫師贊成安樂死，其理由有下列兩項：

1．如果病人的生命已經沒有意義，而且是自主同意下可贊成給予安樂死

醫師說：

◎如果病人確實生命沒有意義，或者說得比較殘酷一點，對家屬、社會是一個很大負擔的話，假如有很公正的醫師評估，並且通過立法，我不排斥。

◎安樂死基本上我是同意，基本條件是病人必須本身同意；若要安樂死，一定要在他意識還清醒的時候做。

◎如果很了解他，很了解他的想法，還有感受，而且一再的強調，我覺得安樂死我是贊成的。

◎基本上我對消極性安樂死大概會贊同，沒有什麼意見，因為如果說他不行了，也不願意急救，我們也不要太積極幫他維持生命，這一點我想我個人沒有什麼意見；積極性安樂死基本上我也不是挺反對，我覺得人本身就可以決定自己生命要活多久，就是怕這裡面有誤判，就是說他跟你講他想要走，但是不是真的已經準備好了？一個人應該可以做自己的主宰。

◎如果要做安樂死的話我是覺得有幾個判斷的標準，第一個是病人他自己有很強的意願結束他的生命，第二個是他真的很痛苦，而且目前沒有任何方法可以恢復身體正常功能，而且他也沒有繼續再活下去的意願時，大概就可以給他安樂死。

2·病人遭受極大的痛苦，又無法緩解，站在病人立場應助他解脫

醫師說：

◎我是覺得給病人一些幫助，讓病人早點解脫這個痛苦，提早離開啦！到末期真的很痛苦，如果病人意願很強，真的可以讓病人早點結束這個痛苦！可以啦！但我想這個法令通過之前一定要非常非常謹慎評估，就怕人家濫用。如果站在這個病人狀況無法挽救的立場之下，把人道拋開的話，我是覺得應該要啦！

◎如果沒有法律上的問題，而病人又受到極大的痛苦，我個人覺得安樂死應該可以接受。

◎如果是植物人，確定是植物人，我會希望他安樂死。

◎我百分之百的贊成安樂死，反對的人不知道病人到底是怎樣在痛苦的，他們就在反對。

◎植物人撐下去那不知道會撐到什麼時候，就算醒過來好了，一百個裡有幾個醒過來的？醒過來又怎樣？醒過來是像嬰孩一樣，動不動都要人家照顧，那種醒過來的喜悅是短暫的。

◎其實對一些本來就會死或是生存對他已經是個負擔的人來講，生命已經毫無意義，假如對他身邊的人已經造成很大的負擔或傷害的時候，你協助他加速他的死亡的話，好像也不覺得是應該強力反對的事。

（三）有條件贊成安樂死

安樂死的問題牽涉到病人、家屬、法律、社會效應及倫理考量等等，有些醫師基本上贊成，但卻有下列三個條件：

1．要先了解病人的動機，並先努力緩解他的痛苦，之後再考慮安樂死

◎我自己對安樂死也不是全然否定。但安樂死牽涉到很多問題，第一個就是病人想死亡的動機到底是什麼？當你有所了解的話，就還有努力的空間讓他活得好一點。

◎原則上我是同意安樂死。但我會想到很多技術上面的問題，或是他的動機。我想這個需要謹慎。

◎讓病人抱持希望總是比較好。應確實努力想一些辦法讓他減輕痛苦，如此一來安樂死的聲音就會比較少一點。但若努力不成可考慮。

◎要有條件的啦。不是說病人覺得很痛苦就答應他，我想真的要先跟病人談一

談，看看他到底是怎麼樣的想法，他是不是在成熟的心態下，把事情都安排好了，如果他覺得沒有什麼遺憾，再拖下去只是痛苦而已，那在沒有法律的顧慮上，我是會贊成。該處理的事都處理好了，而且身體很痛苦，我想提早走也沒有什麼不對。

2・需要有一個團隊來討論來判斷，並嚴格規範審慎避免副作用

◎我本身並不反對安樂死，其實有些重病纏身的，他們那種痛苦並不是我們想像得出來的。安樂死其實是家人不忍心，他們不願意、沒辦法去承受這種壓力，但如果讓他這樣一直痛苦下去，家人也會覺得很愧疚，所以安樂死我想還是有需要啦，只是必須要有嚴格的規範。

◎「誰」要來給他安樂死？誰來「判斷」他需要安樂死？我雖然不太反對，但仍需要有些專業上的判斷，我們需要有個團隊，如果真的要給他安樂死，醫院就得組織一個委員會，有很多分科的專家一起評估是否真的要給他安樂死，如果真的要安樂死，就要注意到它可能發生的副作用。

◎我認為不管是政府、一個學校或一個醫院，都要有一個倫理委員會，來界定哪些醫師、經過什麼樣的程序，才可以做這樣的事情；這個當然是說國家有

國家的法令，即使在國家沒有明顯法令的時候。一般醫院來做這個也應該要有醫院中的倫理委員會，經過同意以後醫師才能去做這樣的事情，所以在這個沒有完備之前，我想我不會去考慮做這樣的事情。

◎安樂死是要經過審慎的評估，要有委員會去調查，比較客觀、公正，並有法律保障之下才可行。

◎要很注意的就是盡量不要讓醫療人員受到法律上的傷害，這需要相關的倫理學專家、法律專家、醫療人員、社工人員等等坐下來，好好互相討論溝通。

◎對沒有意識的病人就需要有一個仲裁者，要有一些人道的宗教家、醫學家集成一個委員會，然後跟家屬來開會。

◎我雖然贊成安樂死，但我認為安樂死要有認定的過程。可能要立法，可能要有一個同意的過程，怎樣的情況下我們認定這個病人已經平靜的接受。

◎並非立了法律就可以做，因為它必須有些規範，在有些條件之下才能做這樣的事。所以法律是最基本的，但到底是不是要這樣做，我想在不違法的情況下，可以有思考的空間。

3．若法律允許則贊成，但本人不會做

有些醫師在理念上贊成安樂死，但卻「讓別人去做，或是由病人家屬自己去執行」，身為醫師是下不了手的。

◎如果法律允許安樂死的話，有醫師要做也無妨，但我是不會做啦！

◎安樂死若合法化，其實有時候這也是可以的，只是在我的觀念中如果我的親人這樣，我不希望安樂死，我覺得要考慮家人的感受，家人看得到，至少他還存在，看到他至少還有精神支柱在，所以也要了解到生的人的感受，不能說我一死百了。

◎醫師比較難為，基本上比較尊重家屬，因為家屬是活的人，我們是跟活的人而不是跟死的人溝通，由家屬自己執行才不會有麻煩。

◎如果是小孩子的安樂死，要考慮的不只家長本身，還有法律、倫理等考量，還有如何執行及誰來執行的問題。

◎如果不以倫理觀念來講的話，我個人是覺得應該要適度的開放，譬如說有一些病人，第一個他沒有求生意願，第二個他很痛苦，第三個，你如果評估之後已經沒有方法可以把他生命挽回，那我們何必在那邊浪費醫療資源呢？假設病人他自己都沒有那個求生意願的時候，我想安樂死應該是可以接受的，不過不會由我來執行。

（四）贊成自然死

對於安樂死，眾醫師的意見紛紜，但是對於「自然死」則五十六位醫師沒有一人反對。然而對自然死的定義有些醫師不大清楚。因是質性研究，起先並不給受訪者一個先驗性的定義（a priori definiton），而是以開放性問題如：「您認為什麼叫自然死？您贊成嗎？」以下是醫師們的答案：

◎現在的方式應該是用積極的緩和治療，並不是安樂死，對那些已經沒有希望、沒有辦法治癒的病人，解除他的痛苦，發現他呼吸衰竭的時候就不要再給他插管、再用呼吸器了。

◎重症的人生命的期限很短，生命品質很差，就不必要用使他痛苦的醫療，如躺在床上戴呼吸器去維持他的呼吸。這不算安樂死，這應該算是自然死。病情很嚴重的，也無須再積極用外來的東西去維持生命，這我是可以接受。

◎畢竟一個人在你手上去世，用安樂死的方法，也是做不下去。用安寧緩和醫療的方法會盡量讓他舒服一點。安樂死，第一個法律上一定違法的，第二個我本身也不願意這樣做。

◎慢慢這樣乾掉的，這看起來也很自然，可是現在我覺得我們很多的死亡是不自然，就是用一大堆機器、管子、藥物，只是維持心跳與呼吸而已。

◎當我們把目標放在治癒的時候，他所有的痛苦都是可以被忽略的。但這種快臨終的病人，比如我剛剛說肚子都被腫瘤塞住的，我們可能會倒過來，就是解決他的痛苦佔百分之九十九，只有百分之一看對他的病是不是能有一點點的幫助。這是醫者的心態。

◎我不會用藥物去幫助他死掉，而是幫助他快快樂樂沒有痛苦地度過死亡過程。

◎真的是到了病症末期，給他用什麼治療都差不多，很快會死亡，這時候再給他很多的藥物讓他一天到晚受苦的話，我想那是不人道，所以應該到一個階段以後，就放棄侵入性治療，就是放棄其他劇烈性的療法。

◎假如死亡不可避免，就不要做劇烈的、無謂的醫療。我們也有所謂的「姑息療法」。

◎明知道沒有救了，還拚命用抗生素，用什麼一大堆藥物，那都已經沒用了啊！豈不是浪費醫學治療！但我覺得安寧緩和醫療不算浪費醫療資源，用舒服的症狀治療，對一個臨終的人，我不覺得那是浪費。

◎即使病人完全沒有意識，但我還是覺得他的生命還在，我是很反對那種給病人打一針讓他死，我覺得他還是存在的。我們只是不需要積極的給他做一大堆事情就是了。

◎我是贊成自然死。如果我們知道這個病人已經不行了，就不用給他做一大堆治療的東西，讓他自然地過去。

◎就是不急救了，不要用一些很特殊的醫療器材去維持他的生命。勉強維持他的生命很痛苦，看他在自然狀態下可以到什麼樣的情況，我們可以提供一般支持性的照顧。

◎所以協助一個本來就會死亡的人，在他自己期待下協助他死亡的話是不是等於殺人呢？這有很大爭論的空間，我們一般講的殺人就是說一個不會死、不該死的人因你積極的行為把他弄死，那如果自然死從這個角度來看的話，我想自然死跟殺人應該是不一樣的。

自然死（Natural Death）的定義

事實上自然死並不等同於「消極的安樂死」，消極的安樂死是撤除必須或普通的維生醫療，刻意置他於死。而自然死的定義則為：「按病人的意願（自主性），不使用高科技或特殊的維生方式來延長疾病末期狀態之瀕死階段，讓疾病因自然進行而死亡謂之

（但絕不加工致死，亦不減去必須的或普通的醫療照顧而致死）。」自然死是不延長死亡的過程，即，不管有無醫療措施或干預行為，病人都會死亡，只是此措施會使瀕死的過程延長。例如：人工呼吸器、心肺復甦術之用於癌症末期病人。「自然死」的例子有：美國前總統尼克森、美國前第一夫人賈桂林．甘迺迪皆是到末期時，不用人工呼吸器或抗生素，生命自然因其疾病而結束。在下述三條件俱備下，自然死符合生命醫學倫理，在台灣也已合法了：一、病人及／或家屬同意；二、有明顯的醫學證據，病人的死亡已臨近；三、病人的瀕死期被特別的醫療措施拖延著，此時可以不予（Withholding）及撤除（Withdrawal）這些措施。台灣的法律名稱為「安寧緩和醫療條例」，是在二〇〇〇年立法的，其意義與法案等同於先進國家的「自然死法案」。

四、交會時互放的光亮：醫師的同理心

醫師若常能用同理心，天天與受苦的病人「感同身受」，是否太過沉重與悲情？有醫師說：

◎真的沒辦法天天對病人有同理心，如果這樣，那你太痛苦了，日子太難過啦！

◎我表面上很冷，但內心是很熱的，這非常不容易。當然若常隨著病人與家屬情緒起伏太大也不行，你所有的處事都得按照著專業，但仍要讓他感覺到我和他站在同一個角度照顧病人！這個是原則，但是很難做到。

但是，有些醫師卻因為能與病人／家屬的情緒與情感交會，而更體會做醫師的意義與樂趣，這些醫師有一些共同的特質為：

(一)敏感度高，能感應病人／家屬的情懷。

◎我覺得我是一個相當敏感的人，不論是對病人也好，對家屬也好，對於他們的感受，我仍然沒有失去我的感應的能力，能與他們有默契，所以我很喜歡做醫師。

(二)由於自己親人去世的經驗，更能體會病人／家屬的痛苦。

◎醫師本身深刻經驗常會影響他對病人的照顧與態度。

（三）年齡增長，人生觀改變後，會更重視病人這個「人」，而非只是「病」，因而較注意並協助病人的心理社會層面，較能觸碰到病人的性靈，如此自然就產生同理心了。

◎我剛開始做醫師都是往醫療的方面在處理，怎樣把我的醫療能力發揮得最好，大概比較不會站在病人心情的方面來想，所以你看年輕的醫師通常都會比較沒有同理心。

第五章　當死亡輪到醫師身上……

王醫師德術皆備，因著病人、家屬的信賴與讚美，王醫師也更有自信。然而不幸在五十多歲的英年，發現得了胰臟癌。整個治療的過程苦不堪言，但王醫師堅持在身體狀況稍微好一點時，就回到醫師的崗位，繼續治療病人。然而他的內心深處是多麼矛盾：

一方面

他知道來日無多，希望多與親朋好友聯繫，親情友情更顯重要。

↕

另方面

他要以最有尊嚴的姿態示人。當他在病中及受苦時，他拒絕所有的人來看他，他不希望人們看到他軟弱邋遢的病容。

他以身為醫師為榮為傲，而且「戰士就是要死在戰場上」，因此他希望一直能診治病人，直至死亡為止。

↕

他知道行醫的疲倦勞累對疾病不好，應該要多休息。他也怕病人一旦知道他已罹患絕症後，會對他減少信賴。

他一向告訴病人也應該要有「病德」，好好接受醫師的治療，完全遵從醫師的醫囑。

↕

他自己卻是不怎麼「聽話」的病人。醫師開的藥，他選擇性地服用，有時偷工減料，有時加油添醋，卻不讓他的主治醫師知道。

他一向拒絕病人「安樂死」的要求，並以一句「不合法」就打住病人的繼續訴苦。

↕

但輪到自己生病，他多麼希望在他痛苦時，有人幫助他，打一針，讓他睡覺，或讓他從此解脫。

他一直以醫院為家，同時覺得所有的病人都應該進醫院接受正統的治療。

↕

但生病後他好怕住院，他一直吵著要回家。他覺得家是天堂，醫院是地獄。

他常勸病人要「有鬥志」，與病魔奮戰，他也希望自己一直保持「戰鬥力」。

↕

但他累了！他也希望向命運投降！

當醫師生病時……。

曾有電影描述：一向在病人面前呼風喚雨的醫師，當自己成了其他醫護人員眼中、報告、病歷上的一個代號，一如他平素對其他病人所做時，他將作何感想？

那是一種既熟悉、又陌生的感受，讓他們在驚懼中深刻體會病人的茫然、無奈與痛苦，從而重新省思醫學的真諦與醫病的關係。有一天，帶著這樣的體悟再回到臨床醫療崗位，站在病人面前，他們從此有了不一樣的感受與行醫方式。

醫師親歷疾病的試煉，是如此；那麼，死亡呢？當醫師經歷至親、好友、手足的死亡，身為死者家屬有不同的體悟，若自己成為臨終病人時將帶來怎樣的震撼與衝擊？死亡的洗禮，又將帶給醫者怎樣的省思與蛻變？

在這份五十六位醫師訪談的實錄中，我們單刀直入地請教了醫者面對自己死亡時的感受與態度，從資料的整理與詮釋中，分析歸納出以下三項醫師的個人生死觀：

一、道法自然，從容就死；聽天由命，順其自然

畢竟中華文化受老莊哲學的傳統影響很深，醫師們雖然並未用老莊的語言來描述自己的生死觀，但「生死乃自然律」的傾向非常明顯，以下是醫師論及自己的死亡之剖白：

◎時間到了自然就會老化，就一定會死亡，這個是理所當然，我現在大概沒有時間去考慮這件事情，因為工作忙碌的關係，而且知道這個是理所當然的過程，到時候再說吧！

◎到底怎麼死，覺得無傷，不管是哪一種各有好壞，好死不好死，快死慢死，這個兩難，我不會想說到底會哪一種，也沒辦法去預測將來會怎樣，順其自然吧！

◎死亡就在呼吸之間，呼吸之間等於說，你吸了這口氣，你下一口氣能不能吸得到你也不知道，隨時都有可能會死，自然的力量，人是沒辦法挽回的。

◎會慢慢地讓自然的力量來決定，英文叫作mother nature，不要用人為的力量，一切隨緣，無欲則剛。

◎人都是會死的啊，是說你的時間來得快來得慢。我覺得生老病死是人生逃不掉的。

◎人總是會過去。人總會過去，人生這麼辛苦，應該讓他再自然一點，不要在死的時候太過於辛苦。平靜過去比較好。

◎我們走癌症這一科的對死亡早有心理準備，知道自己也是跑不掉的，因為癌症目前的死亡率還是很高。

◎沒有想，不需要想，時間到了自然就會走。

◎並不怕死，有生就有死，整個生生不息，繁衍下一代。

◎感覺生命就是如此無常，有些你根本無法預料。所以對我來說是比較看得開啦！

◎我認為所有事情冥冥中還是有注定，你該什麼時候走就什麼時候走，真的到你該走的時候，你想不走也不行。所以我是覺得沒什麼好畏懼的。頂多有時候會有一份割捨不下的心。

◎我覺得不應該一直想著家人，應該從容就死，因為你已經沒有辦法逃避了，應該要死了，你就從容就死。

◎每個人總是有死亡的方式，所以整天為了一個自然的、本來就會發生的現象或事情再增加個人的心理壓力，我想這也不是一個健康的態度。

◎自己的死亡，其實也會去思考，當然人可能有意外的事情，那也有可能隨時會得到癌症，其實這些事情也隨時可以發生，所以我們當然也可以去感覺到說有這樣的可能，自然應對就好！

◎會想到。不過因為我們看得太多了，所以不會覺得有什麼，應該說覺得這是早晚的問題，我們無從選擇。

二、信仰助我通過生死大限

在所訪談的醫師們中，很明顯可以看出佛教與基督信仰者（包括基督教與天主教）對待自己的死亡，大多能從信仰的角度去詮釋，與自認為無宗教信仰者的詮釋有很大不同。以下分為佛教、基督宗教兩大正信信仰者與無特定宗教信仰者的說法：

（一）佛教信仰者

◎媽媽過世很突然，那時我剛回國，就很突然發生，那時候我有信教，所以可能有點療傷的作用，佛教有一些打坐、唸佛、唸經的方式，對悲傷有相當大的撫慰，我媽媽最後也有信教，信得很虔誠，我記得在病房有朋友幫她頌經唸佛，雖然覺得很難過，但媽媽有這樣的人來陪伴她，我也覺得滿安慰的，我覺得宗教的力量是滿大的！

◎死亡那一剎那，意念如果是善的話，你的靈魂可能就升天啦！你的意念如果是生氣的話，可能就是阿修羅，或者是你那時候的是惡念，可能就變成畜生，就變成惡鬼，你那時候的意念如果是阿彌陀佛，阿彌陀佛就會來接你，去西方極樂世界，所以他們認為說人死亡那一剎那的意念是很重要的。

◎西藏有個教派，死亡成就的象徵就是紅光化身，死後就變成紅光。我覺得那種死亡真的是很快樂，沒有痛苦就死掉了。

◎有一個希望你就會朝那一個希望去走，這是我對佛教的看法，至少有一個希望。

佛教徒相信「因果」，所有的苦痛都是過去的「因」所造成的後果，所以「吃苦就是了苦」，佛教信仰的醫師有時會疑惑到底解除病人的痛苦對他的輪迴好不好？以下是兩位佛教醫師的疑問：

◎你生的時候造多少業，就要懂得把它消掉，生時受的苦轉移到死時受的苦，似乎等於能量不滅定律，物質不滅定律。在生的時候把他的痛苦減輕一點，我疑惑死後是否就能少受點苦？

◎我比較相信輪迴，我修行大概還不夠不能破除輪迴。我們在佛教裡面就是相信因果，做了什麼事得什麼果，相信業報。佛教說的業，就是雖然你以前做了什麼事，你現在去改，未來多少還是有些影響，所以佛教不是悲觀消極的說一切都這樣，現在就一定會怎麼樣，他們認為一個人的結果是你以前所有的業和現在的果；有些業你可能不能去改變，但是你現在做的方式多少會改變以前積的業，所以佛教我覺得不是被動消極的，結果也不一定。

（二）基督教與天主教信仰者

基督徒典型的信仰是：死亡是回歸天父懷抱，同時息了世上勞苦。基督徒常以積極或甚至喜樂的態度看待死亡。

◎我信基督教以後，就認為死亡不一定是一種不平安的事情，你覺得你離開這個世界已經要到上帝那裡去，是相當高興的事。

◎身為基督徒的我對經過死亡幽谷不會感到害怕，因為有主與我同行，雖然說死了，但祂還是在我身邊。

◎人籌算自己的腳步，上帝指引我們的道路。

◎即使我明天死了，這也是上帝很好的安排，明天不用來上班了，息了世上勞苦，也不錯，心裡很平靜。

◎我們的所有都是上帝在決定，上帝會為我們做最好的安排。

◎上帝對這些小鳥、花、草、樹木都這麼好，對我們人會更好，我不必操心與擔心。

◎上帝今天帶我過了這一天，明天又會帶我過另外一天，所以一天過了又一天，我們心中沒有地圖，沒有恐懼。

◎死亡不是靈魂的結束，相反的，死後我們的靈魂才有希望可以回到天國，那地方才是我們所嚮往的地方，永遠的家。

（三）無特定宗教信仰者

無特定宗教信仰的醫師或為「不可知論者」，或相信冥冥中有種超力量存在，對於宗教信仰大都持不反對，但也不重視的態度。醫師說道：

◎我自己沒有什麼特殊的信仰，如果有特殊的信仰，可能每個人會根據自己的信仰去想像死後的問題。所以我對這一方面，還是會覺得有點困擾，我不曉得人死了會到哪裡去。

◎我只是希望說死亡那一剎我生出的種子是好的種子，我只是希望如此相信有死後世界。

◎我們有一個護士會用宗教的力量，對那些病童，尤其是做化療禿頭的，跟他們說，你要怎麼樣怎麼樣。感覺上那些小孩子雖然後來都走掉，但是那段時間都活得還不錯，相當平安。

◎我們的文化背景，諸如神鬼的事情，我想我們沒有辦法去改變它，只要不妨礙正規病人的治療，我想我們也可以接納。

◎我父親是突然死掉的。我當醫師以後回頭去想，用佛教觀念來看，他是一個很有福報的人，毫無痛苦地走掉。他少掉了那種要面對死亡恐懼的時間。

◎死後也有一個遠景，「死後是怎麼樣的」，對死亡就比較不會害怕。

◎就像愛因斯坦物質不滅定律一樣，以一個鐵轉化成能量，能量不滅的定理。你的心永遠在這個地方，但你的軀殼會改變的。

◎在醫院裡不能以醫師的宗教來加注在病人身上，醫師應該站在比較中立的立場。

◎台灣人的韌性很好，他可能會有宗教信仰來得到一個紓解、解脫，使內心更平安，但我還沒有信仰。

◎在醫療上做不到的事情，有時候宗教方面，會給人一些安慰，這是我相信的。

三、若死亡輪到我身上

死亡這件事，是「總有一天等到我」，若輪到醫師自己身上，他們有以下十種態度：

（一）輪到自己時，希能「安樂死亡」

見慣死亡的醫師們，很少會承認自己「怕死」，但是與死亡相連的是痛苦的臨終過程與醫療武器的折磨。一般民眾可能無法想像天天給病人打針、開刀、插管的醫師，自己也怕這些醫療措施！在「安樂死」的觀點章節，大部分醫師不贊成、也承認自己絕不會給病人執行安樂死。但若輪到自己生病，而且又很痛苦的話，許多醫師卻希望自己能「安樂死亡」，「安樂死亡」並非提早用人工方式結束生命，而是緩解痛苦，在沒有痛苦的臨終過程中自然死亡。如以下的醫師們說：

◎我希望能安樂死亡，如果我很痛苦的話，我希望有人能夠幫我解除痛苦。人生在世，不需要在死的時候那麼痛苦。

◎其實我一直在想，如果你可以選擇你死亡的方式，那就死得乾脆一點，我覺得是對家人也好對自己也好。

◎死最好是死於心臟病的，突然間胸口一緊然後再過來就不省人事，我是覺得這樣最好了，死得乾淨又不會給親屬帶來太多的麻煩。

◎大部分的人會希望突然間心臟麻痺或怎樣就死掉，那就沒有痛苦。

◎我如果能看電視看到死掉那是最好，因為這樣的話，沒有痛苦，表示說你不會造成別人的困擾。

◎我覺得癌症死亡是滿殘酷的。最安樂、最快的是瞬間死亡，那是最舒服的。像CVA（中風），一下子就死掉。可能會有很難過的幾分鐘，但我想那是比較舒服的死法。

◎愈沒有痛苦愈沒有什麼意識，結束得愈快愈好，像現在這種精簡的時代不必浪費太多時間。

◎一個人還是希望好死不如歹活，沒有人會想說早點死一死，除非太痛苦才會想說死了算了。我是希望我運氣好一點，能夠突然死亡，突然死掉，要做三輩子好事啦！

綜觀以上八位醫師的說詞，其實他們認為的「安樂死亡」就是「沒有痛苦的死亡」，與學術上「安樂死」（Euthanasia）以「加工致死」的真正定義有所不同。然而中文「安樂死」的翻譯與「刻意置人於死」的行為是有出入的。由於翻譯名詞的混淆，使得醫界與民眾都一面倒地贊同，其實贊同的是「安樂死亡」，而非倫理上有爭議的「安樂死—

Euthanasia」。

（二）在醫院的死亡如同人間地獄

天天穿梭在醫院中的醫師，卻描寫在醫院的死亡恍如「人間地獄」。看看醫師們的描述：

◎我有一個醫師同事，得到血癌，本來做骨髓移植做了好幾年。我看過他在骨髓移植室裡面，說快要「抓狂」了，說他整個人裂開了，很痛苦。所以我就會想說假設我是他的話，可能我就不會選擇做那種很劇烈的，可是又很痛苦的治療，到後來好像結局一樣是死。化學治療結束，如果沒有反應，我有可能就到安寧病房，那個時候，在有限的時間下慢慢的治療，提升臨終的品質。

◎在醫院的死法好像地獄一樣。

◎看到病人要靠人家照顧，比較沒有尊嚴，這樣拖，自己難過，家屬也難過，我們人要死得瀟灑、死得無牽無掛，死得不帶給人家一點麻煩。

◎不要纏綿病榻及苟延殘喘，我希望能夠沒有痛苦的死，不要插管或一些儀器在身上。當然牽掛是難免啦，最好有個保險，這樣小孩、太太比較不會受苦，生活也比較有保障。

◎老實說我常在想如果哪一天我得癌症了，我是不是要做那麼多的治療。我會覺得不要。雖然化學治療讓病人多活了一個月、兩個月，但多活的這一個月、兩個月的時間他都躺在病床上，這樣子的壽命延長對病人是不是有意義？我是覺得沒有意義啦！終究病人還是走，沒有意義！就我個人來講，我如果是病人，我就不去做這種事情。

◎萬一我得了癌症，若可能救的當然要盡量去治療，如果說沒有辦法的話，那大概我也不會去要求急救。

從以上醫師的表白，能發現醫師醫治「無藥可救」的病人是他的職責所在。但若輪到自己當病人，可能就不會用同一套策略對待自己。

(三) 生命的意義與品質重於生命的量

醫師們的「怕死」，主要是怕「沒有意義的痛苦」。醫師的工作一向很有意義，很忙碌，所以一旦要躺在床上無所事事，同時還備嘗痛苦煎熬，就非其所願。以下是醫師的表白：

◎我不太喜歡活得很久，活得很老，沒辦法動，也沒辦法自己照顧自己的一些起居，要人家來侍候吃喝拉撒，又是一身病，要人家忙東忙西，這種生活我覺得活著也沒什麼意義。

◎得個慢性病拖個十幾年，我覺得對病人來說實在是很大的痛苦，尤其有些病人拖更久，不管對他還是家屬來說都是很大的苦難。

◎意識清楚但你全身不能夠動，那種無力感是很大的挫折。

◎希望我活著的時候是吃得好，睡得好，沒有痛苦。

◎我想我現在還剩下二十幾年的時候就開始領受生命存在的喜悅，不要迷迷糊糊的到最後一年或最後幾分鐘才領悟到才開始頓悟，那時已經所剩無多了。

◎我想「現在」這一刻是最重要的，重點是在現在，不要活在未來，不要以後回想的時候才覺得後悔。

◎只要每一天好好的過，我想是最好的。不管是哪一天結束都無所謂。

◎我是能夠面對死亡，可是對於痛苦，我可能就無法接受。說實在的沒有真正面對我也不敢講，但那時我也希望安寧一下，不要太長，只要讓我可以做完決定，就可以讓我很舒服地離去。

◎死亡對我來講不是一個悲劇，沒有意義的痛苦才是悲劇。
◎我想人應該活著沒有痛苦，人活著有痛苦，其實不要活著比較好。活得長、活得短，都沒有關係。你活得有沒有價值才有關係。

（四）從自身的社會心理參照病人的需要

就讀醫學院時，老師在課堂上會再三強調，醫師醫治的是「人」而非「病」，病人的社會心理層面務必要整體考量。當訪談醫師面對自己的死亡情境時，他們常會想到家人、心理反應，及人生價值觀的問題，如此的反省將成為一種參照，在醫治其他病人時，就不會忽略了這些層面的重要需求。醫師們說：

◎家人最重要啊！當你嚥下最後一口氣的時候，沒有人會後悔我研究做得不夠好，常常是後悔沒有跟家人多一點時間在一起。
◎我想比較擔心的是意外死亡，你大概沒有辦法去處理什麼，有可能一下子就走掉，我比較擔心的是家屬的悲傷無法調適。
◎你得了一個癌症在那邊慢慢拖，或是你得了一個中風在那邊慢慢拖，會拖累一家子的人，我覺得很不好。意外死亡他們可能一下子不能接受，可是我覺得時間會治癒！反而是癌症或是中風，雖然沒有死掉，卻半身不遂，然後拖累一家子，壓力更大。

◎事實上是有想過死亡的問題，以我本身來講，我有保險，因為意外隨時隨地都有可能發生，若真的發生了，能做的只是讓家裡面的人都沒有後顧之憂，這是具體方面，但是再怎麼樣補償，還是沒有辦法像你這個人活在世上，跟他們相處的那種感覺。你一旦死了，什麼都沒有了，絕對沒有辦法彌補了，只能在金錢上讓家人比較沒有後顧之憂這樣子而已！這個是就現實的一面來說。

(五)「自然死」與「安寧療護」為最佳選擇

當論及醫師自己的臨終與死亡時，幾乎皆表達安寧療護的人道照顧與自然死是較合乎人性尊嚴的選擇。以下是醫師的想法：

◎如果我就快要死了，應該站在這個點去考慮我所有的事情，我們不應該有那一種當英雄的想法，就是想把我救回來，讓我延長生命，幫我減輕症狀。我本來就要死了，我們就不應該想說，如果什麼事都沒做，就無法展現一下醫師的權力。

◎如果快要死了，處理態度就不一樣，處理態度就是說讓我不要難過，至於我的病到什麼程度，或是出現多少併發症，只要那些併發症對我不是太痛苦就可以了。

◎我已經快死了，你再把我救回來，又醒了，然後很痛苦，何必呢？最好的方法就是，如果到都了沒有辦法的時候，就接受安寧緩和治療，讓我的痛苦得到紓解，心理上的問題也能得到解決。

◎對於末期的病人，我相信給他任何治療的方法，跟沒有給治療的方法只去照顧他，生命的結果可能都一樣，可是他的品質就不太一樣。

◎我覺得如果真的要走，就要很舒服的走。

◎我第一個會考慮的事，我未來這幾天，這一、兩個禮拜，這幾個月會不會過得舒服。

◎我個人是採用也是希望讓我自然死亡，不必拖延，先立遺囑以防萬一。

◎我應該不會消極到想尋求安樂死，如果真的有問題的話，我想就我們自己所學，我有能力可以自己調藥自己弄，讓自己比較舒服，如果弄不好的話，當然我會請其他醫師，幫忙讓我過得比較好一點。我想我會盡力讓自己過得比較不痛苦。

◎不應該放棄病人，但如果你知道這個治療是沒有意義的，那就算了。是不做劇烈治療，但不是放棄病人，必須繼續照顧病人，直到自然死亡來臨。

（六）死亡帶給醫師的人生啟示

醫學有極限，醫師不是神，眼看著病人在自己手中死去，會帶給醫師們對自己的人生什麼樣的啟示呢？以下是醫師從病人的死亡聯想到自己的死亡之反省：

◎我通常不去期待什麼，反正我覺得自己把日子過好，身體照顧好，該得什麼病及死亡就發生了再說。在看到這麼多病人以後，我發現應該讓自己接受各種的可能、好好面對，就是這樣。

◎現在已經處於中年，覺得最後總是要離開，希望至少能留下些東西，把握現在擁有的。

◎與其一直躺在病床，什麼都不能做，不如好好規劃一下有限的生命。

◎「人生海海」，把握現在，如果有要做的事就當前趕快去做，不要到死後才後悔。應該要積極過人生，應該把握現在，因為，真的，人生無常。

◎要看開一點，若從整個人類、宇宙來看，生命不是那麼重要，主要是看活的過程有沒有意義。

◎其實把死亡仔細想過後，在生活上的顧忌和擔心會更少，什麼樣的情況都可面對。

◎從整個群體社會得到某種程度的成就感。你肯定自己活著的意義的時候，你就會對生命與死亡有不同的看法。

◎每個人都會死，重要的是如何死得有尊嚴、有光榮，死得適得其所，死得順其自然，不要死得有遺憾，更不要死得不明不白。

（七）有備無患，死亡是需要準備及安排的

也許是各種死亡的情境看得太多，使得醫師對那種沒做準備的死亡所留給家人的爛攤子心有餘悸。醫師對準備與安排死亡的方法有下列三項：

1．思考與讀書

◎不會害怕死亡。每個人都要面臨生死的問題，有生就有死，要多看看這方面的書，早做安排。

◎以前是根本沒去想過，雖然在臨床上看到很多病人過世，但是還是比不上周遭很親近的人。比較震撼，就會去想，不曉得死了之後整個世界是怎麼樣，所以我會去找這方面的書來看。

2．交代家人，立好遺囑

有的醫師能付諸行動真正立下遺囑，有的只是想想而已，並未真的做立遺囑之行為。

◎生命對自己來講當然是最重要的。但是我不是為了自己而活，你跟別人有互動，你每天都會和別人做很多事情，今天你突然一下子就死掉了，就好像你任務沒有交接和交班好一樣，這不符合我的責任感、道德感跟價值感。

◎我的遺囑不像人家必須處理很多財產，那會有很多複雜的問題，所以我想一想，大概也不怎麼需要，但是面臨到死亡大事，我覺得還是盡早安排，去準備我的死亡，然後讓別人接受這種死亡。

◎我是希望在過世之前能有一段時間讓我準備事情，不要突然就走了，那對家屬及自己的事業都沒辦法做一個好的交代，這樣我不會快樂。

◎我是想過如果我得了癌症，或許連化學治療都不想做，把該做的事情趕快做一做，該交代的趕快交代，心願還沒完成的趕快完成。我的前提是說很嚴重了，化學治療沒有效了，若化學治療還有效，還可以嘗試啦！

◎我現在是住院醫師第二年，保了一個死亡險。如果我死亡就能拿到錢，自己要走掉也不希望拖累其他的家人。

◎我想寫遺書只是昭告，把你的心願文字化。

◎有些人已經立遺囑立好了。就是怕心裡有牽掛嘛！會寫遺書的都是一個牽掛。

◎人很短淺啦！有時候碰到跟自己同年齡的人死亡了，就想萬一那種事情發生在我身上我會怎樣？人生其實很快，需要建立起自己的人生觀。再來是家人，要買保險給家人，萬一自己有什麼三長兩短，至少比較不會擔心，尤其是我常常搭飛機，這也是一種保障，因為孩子還小，我想做父母的都會替家裡人著想，這是一個基本的生活的保障。

◎以前自己會怕萬一死了怎麼辦，現在想的都是家人，會想到去世了你的家人怎麼辦，因為死亡是一家人的事，生死不是你一個人的事，還可能是一、兩個家庭的事。

◎有家庭之後責任上就不一樣，如果是單獨一個人的話，那可能責任會比較少，但有小孩的話，你變成還要照顧小孩、太太、長輩等等。你突然死掉，這些問題就比較多，如果慢慢死掉、知道你要死掉的話，可以做一些安排等等。

◎如果遺囑立好的話，你突然死掉也沒關係，如果你都周全地考慮好，保險也沒問題，整個途徑都規劃好，不管是突然死掉或是拖好久死掉都沒關係了。

◎我在想，我到底要怎麼死，我要不要捐贈器官，我到底要用土葬還是火葬。

3・選擇自己的臨終醫療

◎死亡只有一次，這很困難的，要怎麼弄得自己心安理得，讓別人也心安理得。

◎碰到臨終的時候，醫療上該做的你就做，如果不行的時候，該停的你也要叫人家停。不要一直拚，死得要有一點尊嚴，不要這樣CPR（急救）時壓得血淋淋的。

◎病重時，住院要抱一個很嚴肅的心情，就是你這一次住院是不是能夠出院，能夠出院的話是撿到的，就是說你要住院就要抱一個必死的決心。

◎過了某些年紀之後，隨時要準備好生前預囑，交代臨終時的醫療處置。

◎我自己的話，我有器官捐贈卡，是有想過死亡的事情，但是在我昏迷的時候誰又能真正幫我做決定？如果沒有配套措施的時候，就算我想安樂死，就算我想捐贈器官，如果家人沒有這觀念就很難替我完成心願。

◎突然死是比較自私啦！你就這樣去了，治療都沒有空間，可是你旁邊的人就很痛苦啦。如果發現有癌症，至少還有半年、一年、兩年、三年的時間，大家心理上可以有準備，慢慢的接受這樣子的事情。突然死亡，比較好的說法是對自己好啦！可是那個是很自私的想法，一了百了，什麼事都沒有了，沒有任何的交代，是不負責的。

（八）捨不得，放不下

醫師的生命擁有很多：高社經地位、聲望、受人尊敬、成就、助人的意義感、對社會人類的貢獻、極可能的美滿幸福家庭等等。「死亡」意味著「總體的失落」，所以擔心死亡其實是來自於「捨不得，放不下」。以下是醫師的心情：

◎讓你慢慢接受死亡這件事情。我所謂慢慢就是「總有一天你會知道」，你看到你的祖父母，你知道有一天你將失掉你的母親、父親，再看到你同學，最後才是看到自己。

◎如果我自己，我大概就不會想到死這個字，不太可能。而且自己很想擁有很多東西，當你想擁有很多的時候你就很捨不得死亡，不願意離去。覺得對死亡還沒準備好，是因為還有太多你喜愛的東西，或是說在你手上獲得的東西你捨不得放掉。

◎我自己也是在想，要到什麼時間我才會真正理解，我該放棄這些東西，我現在還沒有辦法，可是我已經有想過。

◎可能還是有一些人會慢慢從病人的死亡獲得哲學，就是「我一定要放棄，我有一天要放棄」，但我還是覺得很困難。

◎比較看得開，覺得對個人來講比較沒有恐懼，倒是會有比較多「捨不得親人離開」這種感情上的因素。沒有害怕的因素。而且我都寫好遺囑了。

◎都是一個牽掛，因為牽掛才會受苦受難。有所牽掛，所以你才會受苦受難。

（九）死亡的恐懼

深入探討為何天天接觸死亡的醫師會有死亡恐懼，歸納他們的回答有以下四種來源：

1．死亡毫無預警，在不知不覺中就來臨了

◎有些人在加護病房，年輕時就死掉了，你怎麼知道哪一天不會輪到自己？

◎會覺得恐怖，因為死亡你不能夠預測，會覺得恐怖，但日常生活你不會常常想到它。

◎我是很怕這種死亡方式。坐飛機突然掉下去一下子就死了，我覺得很可怕。

◎我想每個人在碰到這個死的問題，包括自己，特別是自己的死亡，一定會覺得害怕，突然就發生在眼前了。

2．死亡使存在消失無蹤

◎單純的只是害怕，好像人就突然不見了！

3．死亡的存在性孤獨

◎死後好像變得很孤獨。

◎我為什麼會害怕，可能是死了會覺得孤獨，還有那時候的未知感和徬徨。

4．苟延殘喘是非人的折磨

◎我覺得要死的話就快點死掉，像癌症病人，從有銳氣給你磨到鈍掉，從有信心磨到沒有信心。後來你想死掉，人家還不讓你死，這種折磨真是非人的。

（十）醫師非神，遇到死亡也只有認命

在訪談中，有趣地發現能坦承醫學之極限，及醫師的力量也有限的受訪者中，大多是資深及年齡較長者。可能愈是資深，經驗豐富，愈能體驗生命不可控制性，因而能發出感嘆如：

◎醫師當愈久愈知道人的力量有限，醫師不能取代上帝。

◎我會認命，不管怎麼死，我都認命。

◎每個人對死亡都會有恐懼，到現在我也是恐懼，人只有一次啊！人真的很脆弱！

第六章　在死亡面前我們學到什麼？

王醫師德高望重，是佛教徒眼中的「菩薩」，基督徒眼中的「天使」，一般病人眼中的「救星」。他診斷、治療林阿媽的肺癌已有四年之久，這四年中林阿媽過著相當健康的生活。誰知在最後一次的例行檢查中，發現癌細胞已轉移到肝、骨及腦，王醫師隨即叫她住院，用很強的化學治療藥物，企圖控制癌細胞蔓延的趨勢。林阿媽在住院一個多月中，因化療藥物造成骨髓抑制，白血球降低而併發肺炎及敗血症，經過加護病房的急救而度過難關，等白血球回升後又開始下一個化療的療程。有天早上，阿媽要求王醫師說：「我年紀已大，也活得很滿足了。我信基督教，相信生死是由上帝主宰，現在孩子們都長大，我責任已了，打化療使我太痛苦，我不想再打，可不可以只開一些藥讓我舒服一點？至於活多久，就讓上帝來安排！」

王醫師很不高興地回答林阿媽：「妳怎麼可以放棄？上天也有好生之德，妳要祈禱多活一些時候！我們一起努力，我努力治療妳，妳努力活下去。」但是當天晚上，阿媽又因併發敗血症，血壓急速下降死亡。死亡後，化療的藥瓶才從她胸前的人工血管中取下。

醫師的角色參與天地之化育，拯救人間苦難，在與醫師討論死亡態度的過程中，可以歸納出三個主要議題，即反省、學習，與溝通。

一、反省

醫師在死亡面前的反省並求進步者有以下兩點：

(一)過度醫療與醫療不足的兩難

醫師雖然知道醫學非萬能，醫師亦非神，對病人使用醫療科技武器時，很難決定到底何時該罷手。就因為生命的未知數太多，醫師也不能準確地「料生命如神準」，因此較傾向「過度醫療」。另一方面又可能罷手太早而造成「醫療不足」，二者皆對病人造成損傷，醫師在此倫理兩難的困境中間做抉擇相當艱困，誠如下列醫師所言：

◎雖然絕對知道醫學不是萬能，絕非每個病人都救得起來，但你會不知道什麼時候該罷手。愈年輕的時候愈覺得就是要盡量去救才對，但沒想到這樣去救對他們有沒有什麼意義。

◎回顧許多我將他從生死邊緣拉回來的病人，可以感受到有些情況病人反而沒有因此得到什麼好處。雖然還活著，但是得到更多的痛苦，家屬看了也更不忍心。

◎醫師會認為我要給他最好的治療，所以無所不用其極的治療，文獻上有報告的藥物，用最多的藥物下去，他就覺得好像盡到責任。家屬也是這樣，再好的藥物也要花錢去買，一線希望也要試試看，這種觀念不對。

◎我常覺得很多醫師都好像若不給那個病人治療，給藥或者給開刀或者給什麼，他就覺得好像有罪惡感，但有時候沒有做什麼事情反而對病人好。

◎現在覺得做延長生命的措施對臨終病人來說是種痛苦，我們是該要尊重病人對醫療處置的選擇。

◎除了在安寧療護的領域中講求病人的心理層面，一般的病人我覺得也應該有心理上的治療層次。

◎醫師幾乎都是在救生啦，在送死這一方面，可能做得不是很好。送終的工作其實滿重要的！

◎醫學的最終目的是在助人嘛；是助人，不一定是救人，我不認為醫學一定是救人，有時候救人反而是害人受苦。

◎我覺得一個醫師還是要知道什麼時候該放手。我覺得如果這個病人已經超過醫療的範圍，你就盡量減輕他的痛苦，不要有太多醫療行為的干預。

◎不是要抓住那一刻，你要了解那個事實啊！什麼事情是我們醫師可以挽救的，什麼狀況我們醫師已經沒有能力了，你要認清這個事實啊！

◎醫學本身有太多不確定性，臨床醫學與事實有段距離，而且治療效果本身也常帶著些許不確定性，所以目標雖然擺在痊癒，但無法使所有的痊癒目標都達成，其中有太多臨床醫學與事實之間的差距。

(二)治病容易醫人難

醫師在醫學院中學到許多小至基因的尖端科技的「科學的知能」，對「整體的人」卻著墨較少，每位醫師需要自己去慢慢摸索，包括身、心、社會及靈性的個體。部分醫師因本身的宗教信仰、人生經驗與哲學、深度思考習慣、廣泛地閱讀、敏銳的觀察，及敏感的體會，而能看到病人整體的人，乃至整個家庭。以下是這些醫師的反省：

◎每個病人背後都有很多故事，醫護人員看到的只是那個病，沒有看到那個人。病人不是等於「病」加「人」，不是剛好病加人合起來，是一個整體，病、人兩個要一起看，可能也要包括他的家屬。

◎醫學教育應該是bio-psycho-social（生理—心理—社會）並重的整體教育。但在教學醫院的老師，因為長年都在教學醫院，他看到的只是「病病病」，對整體人的照顧都有問題，病人也太多，所以也就往看「病」這樣去做。

◎醫學其實不只有醫學而已，事實上包括很多精神上面的問題。醫師常會忽略掉很重要的心理層面，這不僅影響到整個醫病關係，也影響到病人的情況。

◎傳統的醫學教育出了問題，他教你只是看「病」，事實上我們一直強調是在看「病人」。病你要看，病的範圍很廣，除了生理的、心理的「病」，那些「人」也是要治療。

◎我覺得我們現在的環境，讓醫師對病人，還有對家屬的尊重性還是不好，常常在一些行事上醫師會很強勢。病人則是處於被醫師醫治的弱勢，他們是有苦難言，不敢講。今天是他們不敢講而已，如果讓他們有機會講的時候，他們會有很多怨言想說。

◎做為小兒科醫師，想辦法讓小病人的家長了解，須考慮到父母親的心情，再來是對小孩子本身受苦的心情，再來要考慮我們的同事及其他人，須考慮周全。

◎因為病人除了病痛以外，他可能還有很多其他方面，比如心理方面的問題，就不單單像是去量溫度、發燒、給他退燒，這麼簡單的問題。

◎基本上我認為醫學的目的是在延長壽命沒錯，但生命的價值並不是只維持一個肉體而已，生病不只是一個人痛苦，是家庭的問題，家庭會受到影響，整個社會也會受到影響，是整個社會都要去承擔的。

◎死對病人來講是一種解脫，對於他親屬有時候也未嘗不是一種解脫。當有人生病在醫院的時候，整個家庭的步調會全部亂掉。需要人家照顧，你心情不好，照顧你的人心情也不會好。然後你拖得愈久，家裡的人愈不舒服，所以照顧病人也要顧及到他的家人。

二、學習

醫療生涯是一個不斷學習的過程。對於生死大事，不但病人與家屬需要學習，醫師也要學習。當醫師以學生的心態以病人為師時，他必成為謙謙君子的仁醫。醫師說：

◎我一天到晚都要做決定，如果決定做錯了，就是你在裡面得到教訓、經驗，不斷地需要學習！

◎對於一些病人必須面對死亡，我覺得大家都要學習。你在那邊「怕怕怕」也不能解決問題，你總是要走，問題是你要怎麼樣把你的理想一棒一棒交下去，所有的人都必須學習如何處理死亡。

◎對於安寧療護我想是值得做的。醫學一直在進步，治療方法一直在進步。如果要去照顧末期病人，不只醫學生，以前沒學到的醫師們現在還是要學。

◎我覺得臨終病人的照顧要看文化背景，我的感受是病人及家屬能夠接受最重要。你不能移植國外的文化，全盤接受外國的東西，要從自己的文化中學習才是。

◎醫師是一種終生學習，什麼行業都是終生學習，但醫師格外需要。

◎我相信在給的過程，你應該也會獲得，施與受之間就會成長。

三、溝通

溝通包括：醫病／家屬之間、醫療團隊成員之間，及機構內之溝通。溝通對於醫師而言，是成功的關鍵點之一。但可惜的是溝通這門課，在醫學院中很少教也很難教。醫師會從自己的反省與經驗中摸索學習。以下是他們的見解：

◎病人跟醫護人員對疾病的認知不一樣，因為病人最在意的是，身體的不舒服怎麼樣去解除，而醫護人員常常沒辦法把症狀解除掉。我們最大的困難就是溝通，溝通要花時間，醫師常常沒有時間；醫師只看到病，沒有照顧到病人擔心的是什麼。

◎我們在做什麼家屬不了解，這是最大的困難。雖然我很認真的做，可是家屬都不懂，他會誤會，有時候很難溝通。

◎我有告知他，詳細地跟他解釋。最重要的是，你還是要尊重病人、尊重家屬的選擇，要做到充分溝通。當然還有一個，不能違反法律。

◎我一定先講清楚，講完後都要簽好同意書，假如他不急救、不插管、不用心肺復甦術、不用電擊，這些都要先講好，這樣我們會照做。否則站在醫師的角度，病人血壓降低、沒有呼吸，這樣我們一定要採取急救，否則就是失職嘛。有些家屬覺得不需要讓他那麼痛苦，不願意接受我們的急救過程，那就會先簽同意書，這仍然需要事先溝通。

◎在醫院中，科與科之間溝通，很多事情都是很好解決的，只是科部間要很多的溝通。

◎家屬很容易放棄，因為病人狀況跟他的期待不一樣，因為家屬以後跟病人在一起，而且病人的後果主要是他們承擔。在小兒科，父母是最主要決策者，但是有時候我們認為父母的考慮不是很合適，我們就變成是替小孩子講話的最後一線，因為我們一口放棄的話，小孩子就沒有希望了。需要與父母親充分溝通，這很費時間，但醫師是小孩子的代言人。

◎很多人嘴巴唸一下說他不在乎什麼的，可是你從另外一個角度上看他又很在乎，你可以知道他根本不是真的那麼處之泰然。不能只聽病人說的，要看他的心，懂他的心，需要深度溝通。

◎很多醫療糾紛都是因為醫師和病人兩方認知上的差異，如果說病人的專業知識不夠，他們的基本常識不夠，就需要醫師的充分說明。

◎我有個警覺，除了要跟病人有良好的互動關係外，和家屬也要同樣有良好的溝通與關係。

◎如果醫師在溝通方面做得很好，基本上就不會被告。騙病人，讓醫生說謊話，是最不好的方法。

◎有時候不同的科別想法就會不一樣，溝通就不一定會順利，因為大家的訓練背景都是不一樣的，需要時間大家坐下來好好溝通。

◎我們通常都需要動到刀，如果病人的配合度高的話，我們做起來會比較方便，或是萬一不幸有什麼意外及併發症也比較好處理，所以事先如果能把病人一些可能的問題，一些可能的疾病還有可能的預後，跟病人溝通，這樣做起治療就會比較順利。

◎對於醫療糾紛的問題，仔細分析醫療糾紛，有幾個成因，我認為應該列在第一位的是溝通不良，醫師沒有把話講清楚，關懷支助也不足。

第七章　沒有配備就上戰場：誰來教導醫師面對及處理死亡？

大家都應該記得SARS風暴時台灣社會的混亂。尤其是醫護人員更是因為平時未準備、未演習，發生了許多悲劇。痛定思痛後，醫療界對於急性傳染病的防疫都有了警惕與平時的學習。然而，對於醫院司空見慣的死亡現象呢？

現在正在專業職場上的資深醫師們，在醫學生與住院醫師的年代，大都沒有受過「生死學」與「臨終醫療」的教育，全須靠自己摸索。若喜歡閱讀本科專業知識以外書籍，或參加一些相關人文演講的醫師，觀念較容易改變。另有部分資深醫師，卻會持守其「數十年如一日」不變的想法或觀點。以下分兩部分：「臨終醫療的教育」與「人本醫療」來討論此主題——誰來教導醫師面對及處理死亡？

一、臨終醫療的教育

在醫學系與住院醫師的教育中，教師們會認為「死亡這東西，沒什麼好教的」，碰到了就「想當然耳地應付」就行，只要不犯法，誰也不能說你做得不對或不好。有的醫師會從閱讀、聽講，與經驗中學習並改變觀念，有的醫師則堅持自己原來的理念，絲毫不改變。以下四段是有關醫師臨終醫療的教育現象：

（一）從自己的思考與經驗中得到「教訓」

所謂「一將功成萬骨枯」，也可以用在「一醫功成萬骨枯」。醫學院沒教，每一位醫師都必須從經驗累積中，犧牲了許多病人之後才獲得教訓。

◎早年，實習醫師及住院醫師的時候，我會偏向比較積極的一面，認為醫學的力量是很大的，你應該盡自己的能力救到最後一分鐘都不放棄，總認為醫學哪會有不可能的事。到第四、第五年住院醫師時才發現，醫學的力量還是有限的，覺得有些病終究不可挽回，所以慢慢的就會想，該停的還是要停。

◎若疾病要他自然狀態慢慢地死掉，如果依照以前，大部分的病人可以接受，而且看起來他會比較舒服，真的不會那麼腫。聽說臨終前打靜脈點滴灌很多水會很不舒服，會使病人肺水腫或其他全身細胞水腫，呼吸都吃力，這是以前沒有學過的。我們常給病人打點滴打到死為止，也沒有老師告訴我們這樣做不對，犧牲了很多病人我們才學會。

◎以前的醫學院也沒有提供這方面的醫學教育，所以這些事情是自己經驗慢慢累積起來，當然大家也慢慢注意到這樣的一個問題，所以就對這方面的知識多了解一點。

(二)彰顯醫師的偉大：用「高科技」治療病人

過去的醫學教育，常給學生一個觀念：「會使用高科技才了不起！才彰顯醫師的偉大！」因為醫師是社會的菁英，最聰明最優秀成績最好的學生才能進入醫學系就讀，因此若醫師使用「雕蟲小技」來「症狀控制」的治療病人，有點浪費了他們絕頂聰慧的頭腦。有一位醫師說：

◎大部分的前輩認為我們應該把精力放在解決癌症的問題，等到行有餘力的時候再來從事這種症狀控制，因為大家都會認為症狀控制用到大腦的機會會比基礎醫學的東西要來得簡單。

（三）法律與病人自主權兩者衝突：以「倫理觀」做為仲裁

由於醫療訴訟案件層出不窮、病人的自主權意識日益高漲，使得醫師必須相當警覺——法律知識與守法精神擺第一，同時尊重病人的自主權，在兩者衝突時，醫師的良心判斷也就是「倫理觀」，便成為仲裁的角色。醫師們說：

◎每種治療都不會是百分之百有效！不可以強迫他去治療。你強迫他治療下去，萬一死掉，你就準備上法院了。因為我們不是聖人啊！

◎法律是在最高位階，然後尊重病人的權利，還有你的常識判斷。我們也不是神，不能判斷得那麼準確。

◎醫師本來就是一個良心事業，對處理事情我是秉著我自己的良知及倫理觀，還有跟病人之間的互動，然後再做醫療決定。

◎每個人都需要為自己負責，做任何決定我可以把它講得很清楚，我也可以做到視病如親的態度。我是覺得你應該要清楚什麼是重點，但當你做了哪種決定，我就完全尊重你的決定。

（四）改變民眾的觀念：醫師也須承擔社會教化的責任

「上醫醫國」的態度存在部分醫師的心中，個別病人的醫治固然重要，但整個社會的教化，導引民眾正確的觀念，也是醫師使命不可或缺的一環。醫師認為：

◎醫師應該要負擔一些社會的教育責任。教化社會遠比教醫學生或醫學教育更難，這牽涉到很多舊的社會觀念，要改變需要時間加努力。

◎我覺得很多事情都是一種觀念上的推展，尤其是生死觀，可能比任何其他的事情還要重要。

◎做為一個醫師我想要把健康的生死觀，尤其是病情的告知，讓病人在末期能夠比較平安的面對，包括病人家屬方面也要平安面對。這種觀念以教育的方式推展到整個社會。

二、人本醫療

採「人本醫療」觀的醫師，已跳脫了傳統醫師「救命與治病」的功能，擴大引申出下列三項功能：

（一）由「修復」（restore）轉為「療癒」（healing）

有人認為醫師如同工程師，「人」這部機器損壞了，就該修復，等到無法再修復，機器就報廢了。然而人本醫療的醫師就絕不會將「人」視為一部機器，因為人有感情、有思想、有理性、有情緒、有靈性，當他病入膏肓，面臨死亡時，應該顧及到他的「全人」，不再以「修復」為目標，而以「療癒」為目標。

◎臨終病人如果有身體的痛苦，應該給予適當的處置，讓病人慢慢緩和下來，因為這樣子代表我們確實有幫助他，這個時候跟他講一些靈性上的議題或心理上的支持可能會比較好，他也才願意把他的問題跟我們講。建立良好的關係後，才能幫助他整個人。

◎大部分的家長，對處理新生兒死亡，很多都是小孩遺體不要帶回家，當做這事情沒有發生過，但這常是不好的、病態的。我們希望家長能留下一些紀念，這樣才容易克服對小孩死亡的陰影。其實在心理層面，在整個憂傷的過程，尤其是媽媽會持續很久，萬一她還要再生第二胎，這個小孩子的影像會留到下一個，所以一定要有個階段性結束，醫師仍須關切到這樣的父母親。

（二）由「治癒」（cure）轉為「照顧」（care）

人本醫療觀的醫師們對於只將目標放在「治癒」，若治不好的病人就棄他不顧的態度極不以為然，他們認為不能cure的病人必須繼續care。

◎如果醫師只是單純的頭痛醫頭，腳痛醫腳，這樣的醫生慢慢也會被淘汰掉。

◎你一定要care（照顧），真正的關懷他，然後真正的付出。

◎既然醫學的極限不能幫助這類病人，你就該著重在人的方面給予協助，把他當成一個人來照顧。

（三）由「做」（doing for）轉為「臨在」（being with）

有人本醫療精神的醫師，即使病人拒絕治療，也絕不會對他說：「既然你不合作，不接受治療計畫，那以後就不必來看我了。」因為病人不願接受治療也是他的權利之一。重要的是醫師並未放棄他，仍然持續關心他、照顧他，保持著信任與親善的關係，當病人陷於困境的時候，醫師的「臨在」常帶給病人信心與力量。醫師說：

◎有一些病人已達末期，要讓他覺得醫生還是給他持續的關心。不能像現在很多醫生的態度，病人治不好就把他丟掉。

◎病人最困難的時候，他最需要的是原來他最信任的醫師仍然關心他。

◎我想每個人在碰到死亡的問題，特別是自己的死亡，一定會覺得害怕，平常就是他如果給你看病，他比較信任你，那你常去看他、給他一些支持，我想是可以有很大的幫助。

◎即使病人的病治不好，醫師也仍要時常去看他，讓他把他的想法講出來，就算他要罵人、他不滿，至少也有宣洩的管道，我想在醫學上「傾訴治療」是很重要的。

◎醫師帶幾分認命的味道在裡面的時候，就會比較平靜，不怨天不尤人，當然你還是會有一點寂寞或落寞，或是一種孤獨的感覺，給病人不斷的心理支持是很重要的，要有一個人能坐下來跟他談，陪伴他。

醫師的技術，為病人做些他所需要的事固然重要，但即使不能做什麼事時，持續的臨在，表達關心，也一樣能帶給病人力量。

第八章　對安寧療護的看法

我於一九九〇年從美國獲得碩士學位後，即回台灣開始推展安寧療護。一九九三年拿到博士，就返台正式全力投入安寧療護工作。在這期間，有一位某大報的記者王女士，訪問我有關安寧療護的理念，並寫成一大篇深度報導。誰知五年後她自己因罹患肺癌末期，喘得很厲害。她想起了安寧療護的目的是為減除痛苦，提升生活品質，就要求她的主治醫師，也是某大醫院權威的胸腔內科醫師說：「可不可以把我轉介到安寧病房，因為我喘得太難受了！」誰知這位權威醫師竟回答：「妳最好不要去安寧病房，那裡沒有什麼治療，只有多一些護理人員陪妳聊天而已。妳已經那麼喘，也無法聊天，去安寧病房幹嘛！」王女士實在太難受了，因此想起我，就打電話給我說：「我喘得太痛苦，想去安寧病房，但妳可否叫護士不要來跟我聊天？」我介紹她住進某醫院的安寧病房後，她果真喘的情形大為改善，且能吃能睡，兩週後就出院回家了。她問我：「安寧病房的醫護人員都受過特別的專業訓練，的確可以減除我的痛苦。我現在生活品質大為改善，但為什麼我的主治醫師卻不懂？」她問我，我只好來請教各位醫師了！

在本書所訪談的五十六位各科醫師中，只有六位是真正從事安寧療護的醫者。由於在台灣的各醫學系的教學與住院醫師的在職教育裡，一般都缺乏「安寧療護」的教育內容，因此我用開放式的問題——「您對安寧療護的看法為何？」由此得到以下二十三大項的資料，其中可看出醫師們對安寧療護有極多的誤解。

一、對安寧療護的不信任與不了解

從以下醫師的談話，知道他們對安寧療護有很深的誤解，更顯出安寧療護界須再努力向醫師宣導正確安寧療護知識的必要性。

◎我想去那邊（安寧病房）就是放棄再治癒他，這是到安寧病房雙方彼此要有的認識；明白跟他講癌症目前的方法沒辦法治癒，我們沒辦法控制，放棄了，所以也不能去逃避「說」這一點。

◎我在想，在那種地方其實不是很好，就是到最後也是讓他自生自滅這樣子。

◎如果病人有那種被放進去就覺得被放棄的感覺的話，那麼進去也是無益，好像情緒會很低落。

◎我對安寧療護本身幾乎完全不了解，以為只是在止痛而已。

◎臨終醫療就是，只要醫師有愛心、有耐心去關懷病人，你就可以做得很好，沒有什麼大學問，他只要有一個好心，一個好心就可以做得很好。

◎應該這個病人知道自己的病完全無法治療，他也同意所有治療對他沒有意義。他願意住這個病房，只做減輕他疼痛的治療，其他都不要。應該是這樣，但是我們安寧病房不是這樣，發燒還是在打抗生素，反正跟一般的腫瘤病房沒差多少。

◎臨終醫療的症狀治療，由住院醫師、家庭醫師這個層級的醫學知識就可以應付了，最重要的其實是病人精神上的撫慰。

◎其實我覺得光只是把病房布置得很漂亮，意義沒有很大。

◎我不太了解安寧病房，只是從書本或是聽人家這樣講，實際上怎麼執行，我不太曉得。

◎有很多醫院是家醫科在照顧，我覺得這是不對的，家醫科的訓練沒辦法有這種能力，我想在安寧病房，你要訓練一批人力，當然是以護理人員為主，但護理人員沒有處方的能力，仍然需要專科醫師來負責。

◎我們社會有一些反彈，因為覺得有很多急性病人都還沒有辦法救，為什麼要去救這些看起來沒有希望的病人。

◎這應該設在一個專門的地方，設在醫學中心是浪費，醫學中心設備好，把那些空間挪出，卻不積極去治療病人。用來做這種安寧療護，我覺得這是一種不划算的地方，應該屬於慢性病房才對。

◎安寧療護是一個很理想的東西。可是這東西是不是每個病人都享受得到：是不是因為有階級上面的問題，是不是他們比較有錢才有辦法享受這樣一個制度；如果你家裡在經濟上面比較困難，你就沒有辦法享受到。

◎在醫師的立場方面要做這種臨終照護，我自己有心理上的障礙。譬如人還沒死，就告訴病人你死了以後如何如何，仔細想想，病人的看法會怎樣？家屬的看法呢？這醫師怎麼人還沒死就叫我去死一死！所以在醫師方面是一個障礙，覺得很難去推動這樣的一件事情，除非有一個團隊，有一些社工人員、神職人員來介入這一方面的事情比較容易。就當做是潤滑劑吧！

◎老一輩的觀念很忌諱，我們這一輩的要去跟他解釋很困難。我們不會去跟他講安寧療護。對安寧療護，老一輩還是很忌諱。

◎有些人會覺得觸楣頭，所以我們就不好意思去問他如果以後遇到這種情形，我們要不要幫他轉介安寧病房。

◎安寧療護的好處是他們有專門的護士來照顧病人，家屬就減輕壓力了。

◎安寧照顧的問題是在照顧一群，講坦白話，被遺棄的病人。

由以上醫師的看法，顯示出許多醫師對「安寧療護」的誤解。

世界衛生組織對安寧療護的定義

Palliative care is an approach that improves the quality of life of patients and their families facing the problems associated with life-threatening illness, through the prevention and relief of suffering by means of early identification and impeccable and treatment of pain and other problems, physical psychosocial and spiritual. (WHO, 2002)

（安寧緩和療護是為增進威脅生命的疾病之病人及其家屬的生活品質，藉由預防與緩解生理、心理及靈性的痛苦與問題。）

安寧療護的內涵包括下列重點（Woodruff, 2004）

1．疼痛及其他痛苦症狀的緩解。
（Provides relief from pain and other distressing symptoms.）

2．肯定生命但同時也認知臨終是人生的正常歷程。
（Affirms life and regards dying as a normal process.）

3．既不加速也不延遲死亡的來臨。
（Intends neither to hasten or postpone death.）

4．整合心理與靈性層面的病人照護。
（Integrates the psychological and spiritual aspects of patient care.）

5．提供支持系統以協助病人盡可能積極地活著直到死亡自然來臨。
（Offers a support system to help patients lives as actively as possible until death.）

6．協助家屬能夠面對病人的疾病過程及其哀傷歷程。
（Offers a support system to help the family cope during the patient's illness and in their own bereavement.）

7．以整個醫療團隊之合作來答覆病人及家屬的需要。
（Uses a team approach to address the needs of patients and their families, including bereavement counseling, if indicated.）

8．增進病人及家屬的生活品質，同時可影響整個的疾病過程。
（Will enhance quality of life, and may also positively influence the course of illness.）

9．安寧療護可從疾病的早期就適用，可合併使用其他治療以延長生命。
（Is applicable early in the course of illness, in conjunction with other therapies that are intended to prolong life, such as chemo-therapy or radiation therapy, and includes those investigations needed to better understand and manage distressing clinical complications.）

因此，安寧療護真正的意義是對有生命威脅疾病者的積極四全照顧，即：全人、全家、全程、全隊的照顧（趙可式，一九九三）。以下三圖為錯誤與正確的安寧療護概念圖：

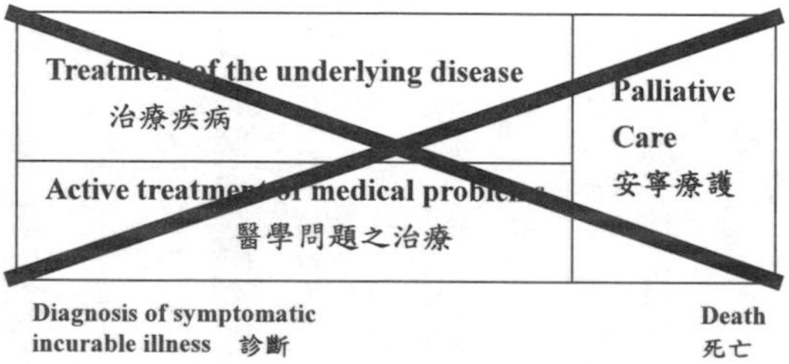

錯誤的安寧療護概念圖

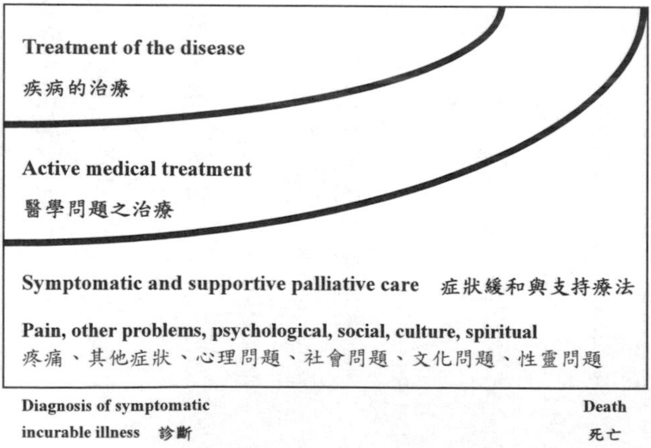

現在較流行的安寧療護概念圖

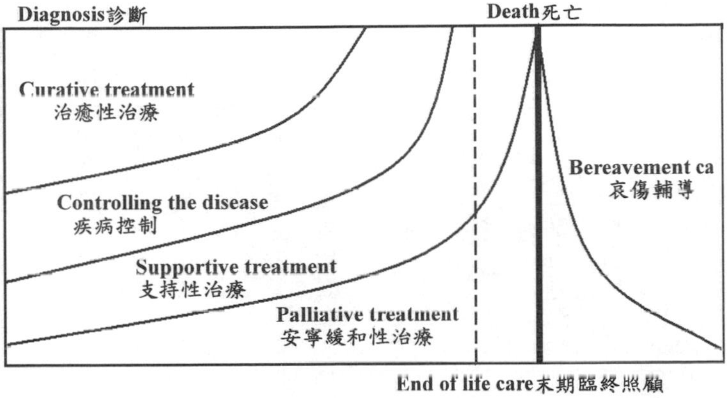

真正的安寧療護概念圖（趙可式，二〇〇七）

說明：當治癒性治療與疾病控制皆無空間時，仍有支持性治療與安寧緩和性治療的空間。而且「全程照顧」還包括病人死亡後家屬的哀傷輔導。

很多民眾甚至醫師會誤以為安寧療護沒有積極治療，但什麼叫做積極治療（Active treatment）？那麼消極治療（Passive treatment）又是什麼？

在醫療體系中根本就沒有「消極治療」，安寧療護就是積極治療（Palliative care is Active Therapy），安寧療護是對整體受苦的整體積極治療與照顧。

二、競爭及分餅心態阻礙了安寧療護的發展

台灣健保制度因係「總額預算」，全院就是一塊餅，你分大就我分小，因此新加入的「安寧療護」

被其他科醫師認為是「搶餅者」，自然希望排斥它的存在了。

◎安寧可能要做更多的事情。可是人家很自然會排斥不讓你做這麼多的事情。孤秀於立，風欲吹之；行高於世，人必晦之。這異軍突起突然跳起來做得太好，一定有很多人會去給你壓下來。

◎會害怕說他的權利會流失。因為你這邊做得好的話，你這邊說不定會有權利什麼加注進來。他會想醫院就是個餅嘛！你如果分大，那我的會不會變小。他考慮是我的餅會不會變小了。或者說我的餅和你的餅比較起來比值會不會下降。

三、安寧療護無用武之地

對於藥石罔效的病人，只要醫師、家屬，或病人三方中有任何一方希望把握「一線希望」，無所不用其極地治療時，就傾向使用所有的醫療武器去挽救病人。此種心態就如同「寧願戰死沙場，也絕不棄械投降」的戰士，他們也不考慮病人最後是遍體鱗傷地戰死的。醫師說：

◎我們看過很多的家屬，相當有教育水準，可是他對他自己的親人，一直要醫生給他積極治療，永不放棄，他也曉得什麼叫植物人，他也知道像王曉民那種情形，可是當他自己的親人就是那個樣子的時候，還是要醫生給他完全的救活，因為這個裡面牽涉到感情啊！

◎對於家屬來講，只要有一絲希望就要試，因為不試就是完全沒有機會，試也許還有機會，所以家屬跟病人寧願試看看。

◎做為一個醫師總不能放棄，醫療是我們的武器，放棄醫療就等於在戰場上棄械投降的軍士。

四、安寧療護的成功條件：一個良好的團隊

有經驗的醫師都知道安寧療護的成功關鍵是在「人」，有一個有能力、有熱忱、合作無間，且互相尊重的團隊，才能提供高品質的安寧療護。以下是醫師的見解：

◎安寧療護是一個團隊工作，整個團隊中還包括病人和家屬，彼此尊重個人的專業，彼此以病人為主軸的合作、和諧的團隊運作，我想在我們醫院的安寧療護方面還有很多可以改善的空間。

◎需要一個組織、一個團隊，除了醫師以外還要有社工人員、神職人員、專門的護理人員及志工、對臨終較有興趣的人來組成。比如說現在哪一科病房，有一個病人快去世了，這個團隊就可以去接這個病人，跟家屬談，看有什麼需要幫助的。

◎我們把病人送去給安寧療護，以後有一個很好的團隊來照顧他，我跟那些團隊做溝通的話，我也可以學到那些團隊的專業，他們的想法及做法，這是我的希望！

◎我很主觀的觀察，我覺得有一部分跳到這個安寧團隊裡面的人是在追求流行，追求流行也有好處，起碼可以把這種理念做個傳達。

◎我覺得在臨終照顧上，能幫忙家屬問題的醫師還是很有限，可能需要一個團隊，像社工或居家護理是不可或缺的一個資源。

◎病人的「心理社會」應當由社工或一群有意願的人來協助，醫師應該是一個領導者，然後加上社工和護理人員的配合，形成一個團隊工作，在病房的護士，則必須經過訓練。

◎有切身之痛的兒童癌症義工人員，可以分享自己的經驗跟分擔家長的壓力，因為醫師總是高高在上，總是好像事不關己，但是志工們有切身之痛，互相支持，家長間也比較能夠體諒。

◎安寧療護要成功，我覺得團隊的人最重要的啦！

◎我們現在醫療的團隊是分工的團隊，也不一定每件事都要能做，所以另一個期待就是有一個單位或一群人負責這樣的事情，教我們怎麼配合，可是實際上真的到需要專家來做就交給專家，這是更好的一個做法。

◎怎樣幫忙臨終病人有個善終。這專業當中必須要好幾個不同的專業分工合作，一起配合幫忙病人有個好的善終。

◎如果有一個團隊，除了藥物的治療之外還能給病人心理上的支持，我想這是最好的。可是台灣目前到底是不是已經到這個地步了？我們是不是有足夠的人力、有足夠的財力去給末期病人做這樣的支持？我一直覺得滿懷疑的。

醫師懷疑的是團隊人員的人力及素質。要提供良好的安寧療護看來這是最主要的關鍵點。

五、安寧療護是融合人性化的醫療科技與藝術

當問到醫師，「您認為安寧療護是什麼樣的醫療」時，融合人性化醫療科技與藝術是相當貼切的答案，以下是醫師的見解：

◎我覺得安寧病房不是讓他在那邊安安靜靜的死掉就是安寧病房，那樣就變停屍間啦！

◎就人道主義，你可能會覺得說不管怎麼樣他還是一個有生命的人，也許他的病是末期的，但是他的感情、他的身體、他的心靈並沒有末期，在這種情況下，有專門醫師，合併一些精神科方面的醫師，或比較有愛心的人士提供他照顧，或提供他宗教信仰，或讓他心裡有個寄託，他會慢慢明白他的疾病已經到了時候，他可以接受。

◎設備是滿好的，特別是有一個可以按摩的浴缸，能夠好好舒舒服服的洗澡，他沒有洗幾次，因為到後來情況不好的時候也沒辦法再搬動，不過在洗過那幾次當中，人都滿舒服，很人性化的照顧方式。

◎安寧病房的主角是護士，醫師大概只是配角。護士的理想就是人性化的全人照顧。

◎安寧病房護士的工作是要解決病人的痛苦，然後讓病人身、心、靈都會覺得放鬆，這是很重要的一點；重點不是在護理記錄寫得漂不漂亮，所以安寧病房的護理站不需要太大。

◎醫師和護士在那邊，會把病人的痛苦和症狀當做他們最重要的事情。

◎真的有像一個家，送病人進去就覺得他真的是在每一方面都得到很大的支持。

◎我想安寧治療有一大部分是在心理上面的治療層次；在醫學上是較具人性化的做法。

◎我覺得安寧療護對待每位病人其實都要注重「個別性」。要看每一個人的家庭，每一個病人本身人格的特性、家族的特性，還有整個家庭的背景。

◎安寧療護不是說加速你的死亡，絕對不是這個意思，而是讓病人在這個時間內過得更有尊嚴更人性化。

◎我覺得對待病人是一種藝術，尤其是臨終病人。

◎醫師不應該投注太多的感情在照顧病人上面。這樣會影響到你的理智。不過我想對於臨終病人的照顧，我寧可投注較多的感情在裡面。

六、宣傳安寧療護：獲得社會的認同，同時募錢與募心

安寧療護在台灣尚屬較陌生的觀念。由於經營安寧病房的成本太高，許多醫院的行政主管都沒有意願要開發及提供此種服務。有些醫師認為必須廣為宣傳，募錢募心，並招募志工。以下是醫師的想法：

◎我知道有些醫院的安寧病房有去募捐，事實上有很多企業家、老闆們都很願意捐，因為一方面可以減稅，一方面也確實可以做善事，他們也是真的想要把錢捐出來。我們安寧病房應該要發起一個安寧病房的期刊，或是通訊，像醫學院的那個醫學通訊一樣，譬如說一個月一次，讓人家知道我們在做什麼，事實上這是類似一個廣告，讓外面的企業家知道我們在做什麼，請企業家捐錢，另外的就是可以招募志工。

◎隨時隨地都需要募捐到錢，隨時隨地都要招募義工，這是安寧病房隨時都要做的事情，錢不怕多嘛！人也不怕多嘛！

◎現在有些人有的是錢，心裡空虛的也多的是，想要贖罪的人多的是，在記者會叫他們募捐，說要辦安寧病房，多少錢可以認養一間。

◎需要寫一些宣導小冊送給捐贈人還有未來的捐贈人，及關心這個事情的人，也定期把這個病房的變化，做的事情之成效，持續性地告訴這些捐贈人，還有醫院的醫師，其他醫院也會轉介病人過來。

◎我們有責任要把安寧療護的理念推廣出去讓民眾知道，如果有記者來訪問通常應該接受，我覺得應該盡力去做，盡量去回答民眾及媒體的問題以廣為宣傳。

七、安寧療護是一個教育的場域

安寧療護牽涉到病人、家屬、醫療專業人員的生死教育，事實上安寧療護本身就是一個教育的場域，只是裡面的人與外面的人之間有很大的鴻溝，因此醫師認為從事安寧療護者該義不容辭地擔負起社會生死教育的責任。

◎我想目前從幾個層次來看，無論是社會、病人及家屬，或醫院裡非安寧療護的醫生，這當中都有很大空間去改善。在安寧療護範疇外的這些社會、病人及家屬，或醫院其他同事對於不可治癒疾病和對於面臨死亡的看法，跟在安寧療護中的這群工作人員來講，其中有很大的差距。這部分必須要建構更多管道，做一些對話。我想在目前台灣做安寧病房教育，還沒做到讓高比率的民眾能夠去體會了解，或接納安寧療護的照顧模式，所以這部分還有更多努力的空間。甚至在醫院的醫療人員對安寧療護還有很大的誤解，需要彼此溝通或再教育，我想還有很多事情可以做。

◎做安寧療護我們還要想辦法能夠為一般社會大眾做生死教育。

◎怎麼樣可以讓病人可以善終，不要帶著恨意或很多的遺憾、憤怒、悔恨離開人世間，怎麼樣可以讓這個病人可以盡量少了牽掛或擔心，然後家屬可以得到照顧，除了病人受苦以外，照顧的家人也會受到很多的壓力。

◎死亡真正痛苦的不是病人本身，家屬是最痛苦的。我覺得教育家屬是滿重要的一個觀念。

八、不願因轉安寧療護而換醫師

安寧病房是在醫院中獨立出來的一個病房，許多醫師不願將病人轉診到安寧療護，或病人或家屬不肯轉過去，其中主要的理由之一為：原來的醫病關係良好，不願換醫師。另外我國沒有專屬的「兒童安寧療護」，因此有需要的小兒科病人只能留在原小兒科病房，不願轉到大人的安寧病房。醫師認為：

◎病人跟著你一段時間，不管家屬也好病人也好，都不希望換另外一個環境，所以他現在還住在我們病房裡，不願轉去安寧病房。

◎病人去了安寧病房就好像跟我們斷絕關係了。

◎安寧病房一方面病床數有限，第二是居住的時間有限，一般一到兩個禮拜就建議病人出院，有些病人需要住的時間遠超過這樣的需求，第三則是我們是從頭就開始照顧病人，有些病人也不願意轉過去，轉到一個陌生的病房他會焦慮、緊張。

◎在小兒科的癌症末期小朋友，很多家長跟我們小兒科關係不錯，就不想離開小兒科病房，他說去安寧病房都是大人，小朋友反而會覺得孤立。

九、安寧病房床數太少，僧多粥少

安寧病房是賠錢的單位，因著醫院評鑑要求及對醫學教育中生死教育的目的，各醫院雖有安寧病房，但床數皆很少，因此如何篩選病人入住是很重要的課題。

◎大部分我的病人想要住安寧病房都住不進去。我對現在的安寧病房不滿意，病床應該要多一點。其實臨終的病人需要好好照顧的有很多！只有那幾床是不夠的，應該多設一點病床。

◎安寧病房裡面有一些社工及志工可能可以給病人一些精神上的支持，另外它在護理方面也有一些比較特別的地方，可是問題就是僧多粥少，很多病人擠不進去，安寧病房應該讓那些有需要的人能夠進去，不過我想可能永遠不會夠用。

◎目前我們的安寧病床，到底是夠還是不夠？如果不夠我們在選擇個案上就更要有智慧。我們在其他的病房可以用「先來先服務」的原則篩選病人，尊重first arrive first service，但安寧病房就無法這樣，所以要怎麼做才不會讓大家覺得你私心自用，或覺得你不公平，這些都要醫護人員制定篩選的制度。

十、安寧療護收案的時機需要界定清楚

安寧病房其實是藉由一群受過良好專業訓練的醫療團隊，為身心受苦的病人緩解痛苦，提升生活品質的場域。但這個理念連好多醫師都不清楚。從以下醫師的意見就可以知道他們對安寧療護收案的時機較不了解。

◎安寧病房最大的問題是它的流通率，到底要什麼樣的病人才能住進去，是一個月之內必死無疑的那種病人才收，或是拖上半年的病人它也收，這些需要界定清楚。

◎家屬或是病人自己有這個意願去住安寧病房，可能他心理上已經準備完全了，這時候來住的話可能會比較好。如果病人心理上還沒有準備妥當就把他

送進去，你們也會很難做。要看病人有沒有這個意願，當然家屬的意願我們也要考慮。

事實上，「有生命威脅疾病者具身心痛苦時」，就是安寧療護收案的時機。

十一、安寧療護的健保給付應該「論質給付」

醫院經營安寧療護若虧損連連，必定阻礙了安寧療護的發展。但若健保給付額太高，則各醫院可能又為了利益而紛紛開設安寧病房卻無法掌握品質。醫師們的意見是完善的評鑑制度加上「論質給付」就可以解決上述的難題。

◎我們國人有一個不太好現象就是一窩蜂，其中還有一個「利」的因素。有些醫院以為安寧病房靠衛生署健保局的給付可以賺錢，我認為安寧病房品質上應該很注意，因為這是一個高品質的醫療服務，需要相當高的人力，如果一個醫院是為了獲得健保局的給付去做安寧療護，隨隨便便就去做，會敗壞了安寧療護的名譽，若健保可以「論質給付」，才能保持品質。

◎應該有一個完善的評鑑制度，如果實在沒有這個資格，就把它去掉，健保給付應該按安寧療護執行的品質、程度加權給付。

十二、安寧療護得以永續經營的條件

安寧療護不能是「一群熱心的人，做一陣子熱心的事」，如同曇花一現，而是需要永續經營的人道服務。能永續經營的條件為：制度與法規、人才，及醫師的領導。

◎安寧療護需要永續經營，即使戰爭發生的話，我們還是能保持安寧療護繼續發展。必須培育長期性的人才，比如護理人員、精神科醫師或心理學專家、靈性照顧人員、社工等等；除了要繼續培養專業團隊，還要在社會上創造一個環境讓民眾了解，而修改相關的法令，及長期的財力支援也都是很重要的。

◎市場如果有需求，這個行業自然就會興盛起來，如果大家不知道有這件事情，市場自然就沒那個需求，沒有需求又怎麼有足夠的人去從事這個行業。市場的需求就有待大家對這個觀念的認知。

◎安寧療護需要訂定制度法規，其最大的好處就是讓執行者不會走偏。

◎在一個醫療團隊裡最有功能的是醫師，所以有很多活動，醫師出來帶頭，做得不錯之後再請護理人員或社工出來繼續引導做下去。醫師要不要繼續支持的態度，是會不會成功的要素。

十三、安寧療護是人道醫療

有些醫師將安寧療護歸類為「人道醫療」，因此除了最主要的是提供服務者的素質以外，經營者不能以經濟效益來做衡量。事實上一個醫院若做好安寧療護就是它的活廣告了。

◎安寧療護成功與否我覺得都不是硬體上的問題，而是人的問題。

◎安寧療護一定是賠錢的工作！但是它的形象對醫院來講事實上是最佳的活廣告。

◎除非我們看到安寧療護的病人反應，我們才知道要怎麼改進。

◎在這方面大概不能提到經濟效益，因為安寧療護是一個人道的照顧。

◎消費跟服務是互相衝突的，你沒有辦法說為了服務大眾而整個病房都開成安寧病房，因為實在是不敷成本，也沒有辦法說為了醫院經營，完全不開，因為你這個是教學醫院，而臨終照顧事實上是一個重要課題，並不能被忽略的。

◎安寧療護很花成本，這種人道服務應該納入政府的社會福利政策之中。

◎現在面臨到最大問題是沒有賺錢，沒有賺錢所以沒人要做，現在是利之所趨嘛！除非說是有一個財團法人，裡面的人真的要很有愛心、奉獻。如果以這個賺錢是不太容易。

◎以營利為目的來經營安寧療護的話，就真的失去意義了！

十四、能舒服善終的安寧療護

醫師雖然是以救人為天職，但當命已不可能救時，能讓病人舒服地善終，的確也是功德一件。醫師們的想法如下：

◎我完全贊成安寧療護，應該要做。但是有一些人不知道，有些病人，他們在那邊還拚命急救，其實都是錯的。所以教育很重要，讓醫師們知道什麼時候是他們該放手的時候。

◎我想安寧療護就是給心靈不平安的病人在宗教上、心靈上、心理建設上獲得平安，能祥和地面對死亡。

◎安寧療護目的在減輕病人的痛苦，減輕病人的痛苦是最重要的。讓家屬能在臨終這段時間和病人相處，處理未完成的事業，給病人希望——安寧照顧再加上生死的觀念，在死後給他一個遠景。

◎病人身上如果可以不用這些管子，我覺得滿不錯的。而且在心理上面，或在家庭方面也可以做一些交代，使得生死皆無遺憾。

◎當醫師跟病人宣布說你走到末期的時候，他應該就是去接受安寧體系。讓他平靜的離開，我想這是最好的。

◎基本上我覺得讓病人走得舒坦，生理的、心理的舒坦，都是很重要的。但如果今天你只能選一個的時候，就像愛情和麵包一樣，兩者都有當然是最好的，但你只能選一樣東西，我想大部分的人還是會選麵包。所以大部分病人，他的財力經濟只能選擇一部分，大部分還是會先選擇解除他身體上的這個病痛。心理上的再說吧！

十五、安寧療護的理想與現實之距離

醫師認為目前台灣安寧療護發展的現況與理想之間尚有一段距離，歸納成下列五點：

（一）硬體的設備仍不夠完善

◎台大的安寧病房有一個好處就是外面有一個空中花園，對病人來說舒展上會很好，如果沒有空中花園，若病人想要出來外面透透氣就沒辦法了。有些醫院的安寧病房有先天上的限制。

◎空間可能要大一點，因為我覺得安寧病房中人們互動的空間，好像太小，病人和病人之間的互動，病人、家屬，或家屬與家屬之間的互動，空間太小。

◎我們的設備就沒有這麼人性化，我們還是像病房嘛！並沒有像家的感覺。

◎病房區的設計感覺上不是很溫馨。

◎安寧病房最好在大樓最頂端，可以看到陽光，可以曬到太陽，本院的安寧病房氣氛凝重的理由之一是因照不到太陽。

（二）住院醫師與護理人員流動大，素質及數目尚須加強

◎住院醫師輪來輪去的，病人照顧品質都會出問題。安寧療護要有比較強的醫師去執行，這是非常重要的。我去病房看，我覺得護士也是很徬徨，醫師不

知道怎麼處理。有時候有些人個性上不能接納別人的意見，會覺得護士教醫師，會有些問題，所以我覺得，怎麼樣教育醫護人員很重要。另外護士的流動性也是問題，不過我想如果醫師夠強，把病人處理得好，那護士再做的話應該方向更明確，他們在遇到這樣的病人，來沒多久就死，再來一個又死，好像在送死，如果護士自己心理的準備訓練不夠，自然流動性就會高。

◎開團隊討論會是要解決問題，而不是一味的講那個病人多可憐怎麼樣怎麼樣，我覺得很有壓力，不只壓力，也浪費大家的時間，而且沒有解決問題，我是覺得太濫情了。

◎因為住院醫師、實習醫師都是過客，病人有些事情不見得會跟他們講，跟他們要求，有時住院醫師沒辦法感受到病人的心境。因為我們安寧團隊是全程照顧，所以可以感受到，幫他們一些忙。

（三）政策制度還須更趨完善

◎人為的是制度，制度影響很大，「良相治國，良醫治病」，唯有好的政策，例如說好的醫療政策，受惠的才能是全部的人。現在的醫療制度還不是很理想，還是有待改進，希望能夠慢慢的進步。

（四）病床數還待增加

◎病床數顯然是不夠的。

◎許多病人根本住不進去安寧病房，不是經濟問題，而是病房的數目有限。

（五）服務的品質尚須提升

◎本院的安寧療護比較停留在症狀控制，提供一個比較好的症狀控制，加一點靈性上的支持而已。真正理想的安寧照護，從環境上還有人員上，我覺得本院還有一段距離就是了。

◎我們有照顧病人的機會，可以練習安寧照顧，但實際無法付出那麼多，因為沒有足夠的稱為靈性或是心靈治療師的人。

◎當然軟體部分也是有差，人力上，腫瘤科醫師本來就很忙了，還要負責這部分，也是個問題。

◎他們的時間精力其實也還沒有辦法把每個病人的全面都顧到。

◎我婆婆到現在還是一直覺得說我公公住到安寧病房滿好的。他走的那一刻她也覺得很平靜，因為護士小姐處理得很好，就是在幫他換衣服的時候，一直跟我婆婆講話。但她一直覺得有壓力的是公公的時間快到，因為安寧病房中都一直不斷有人在提醒她，但是好像沒有人找她好好的聊一聊，幫助她心理上調適。

◎只是有一點擔心，有一些醫院特別是一些不是很上軌道的醫院，只是把安寧病房當成個樣板，好像有人來參觀，讓人來看我們有做，品質方面不是很理想。

十六、安寧療護的理念：應該在任何地方都可實現

在這個研究中，很有趣地發現許多醫師覺得「全人、全家、全程、全隊」的安寧療護理念，本來就是醫療的本質，應該適用於所有的醫療科別及所有的病人。醫師說：

◎大原則我是覺得，安寧療護這個觀念是相當好的，要用到所有病人身上，不只是安寧的病人。因為其他病人生病，心理上面同樣也有很多問題，他們的靈性也是都要照顧的，不是快要死掉的人才有靈性的問題。

◎內科醫師其實都要有全方位照顧的概念。

◎希望就是安寧病房不要變成ＶＩＰ病房，也應該一視同仁，以照顧安寧病房病人的態度來照顧所有病人。尊敬所有的病人和家屬，不要只對安寧病房的病人和家屬特別的好、特別的關心，對所有的病人都應該這樣。

◎其他非癌症的末期病人，也要讓家屬有一個心理準備，讓家屬了解病人已經不行了，要做後事處理；他可能不需要到安寧病房，但需要有個團隊，在病危的時候可以跟家屬談一談，解決他們部分問題。

◎事實上，對病人情緒部分的照顧與訓練應該是各科都要學習的。

◎也不一定是針對臨終病人，我覺得做醫師本來就要兼顧病人的身心靈各方面。

◎安寧療護是一種精神，可以在任何病房或病人自己家中來做。

◎如果安寧病房理論上跟實際上都容納不了那麼多臨終病人，那就應該每個病房都能提供安寧療護。

◎家庭醫學照顧病人就是滿強調「心理社會」的，事實上安寧病房的照顧理念，基本上也是在這個架構上去出發，只是遇到的病人種類，或是碰到要處理的一些病人，更為複雜而已。

◎我想安寧是很重要，可是安寧不是一個病房來解決，其實要從心理建設做起，你平常就要面對。

◎安寧療護的最終目的，應該是要把這些病人都轉回居家療護，如果能夠這樣應該算是成功。我們不是只照顧他臨終那一段或快臨終的這幾個禮拜。我一直認為安寧療護不要在醫院做，最重要的目標是能夠讓這些病人回到社區。

◎安寧照顧不是指那個房間，應該是遍布在任何一個醫療機構裡面。任何一個醫療人員都應該知道對生命的尊重，怎麼幫助病人安寧地活下去。

◎這件事情最終要推及到，像世界大同一樣，推廣到每個末期病人身上。不一定是癌末病人，我的想法是，對所有醫學生、醫師對病人的態度上徹底的改變。

◎如果說能做到 bio-psycho-social（生理——心理——社會）這觀念，安寧療護本身就不是一個問題，因為沒有這個觀念，現在才會特別強調這個很重要。安寧療護應該不是說非常特殊的，只是它的病人、疾病種類比較不一樣，基本上照顧的理念應該跟理想上醫療其他科別的照顧是一樣的。

十七、安寧療護醫療團隊需要接受再教育

醫師們都很清楚，安寧療護成功的關鍵都是在「人」，即醫療團隊人員，如果團隊的教育訓練夠強，療護的品質才能確保。

◎社工發揮的功能非常差。社工做得很差，我從來不覺得社工有發揮到什麼功能，不知是教育訓練不夠還是其他什麼問題。

◎我覺得需要有更多的醫師。有興趣的醫師可以讓他們有機會去多學習多認識，他們了解之後可以把安寧療護這種觀念推廣出去。

◎義工當然要訓練，例如，如果讓烏合之眾隨便去推薦吃什麼草藥，這就不好。

◎醫院方面，比較高級「長」字輩的都需要去接受一些繼續教育。

◎醫學中心設安寧病房是個示範作用。醫學中心可以做這件事的領導者，一個帶頭作用。醫學中心要做為安寧病房及緩和醫療的訓練中心，訓練那些人，最後要交給其他的地方來做，你訓練出來的便是一顆種子，可以安置在不同地方。

◎急症臨終的問題，我覺得處理的醫師更要有經驗，因為處理不好會有醫療糾紛。我們事實上就是醫療！在靈性方面的照顧，我們還是很欠缺。

◎只有觀念是不夠的，有觀念但沒有方法的話，我想可能會做得不好。

◎希望可以在這些臨終患者的照顧上，不管是觀念也好實際的做法也好，都可以學得更多，這樣我們才能去改變目前做的方法。改變了之後當然最大的一個期待目標就是：不論對患者也好或是對我們科也好，都能更進步。

◎我是期待自己在觀念上、方法上，如果可以更上一層樓的話，也許能提供病人更好的臨終照顧。

十八、安寧療護人員要預防「疲潰」(burn out)

在臨床上的醫師都可以體會到醫療團隊的壓力，而天天面對痛苦、悲傷、死亡的安寧療護人員壓力更大，因此需要找尋有興趣，且具「耐磨」個性的人來做安寧療護，同時預防疲潰很重要。

◎要了解醫師心理。我覺得現在大家一味要求醫師幹什麼，去對病人怎麼樣怎麼樣，有時候會對醫師造成很大壓力，沒有人幫他解除，我覺得這樣長久下來會造成醫師的疲潰，好像要求醫師當神一樣！

◎安寧病房的護理人員再撐下去可能會疲潰掉了，工作壓力真的太大。他有一定的成就感沒有錯，就是病人及家屬給他的正面回饋，可是問題是，這種成就感會隨著他年紀逐漸老化成正比下降。

◎醫師要有興趣，才能去做安寧療護。

◎並不是每個人都適合走安寧療護，以個性來講一定要——我的感覺是一定要耐磨啦！「耐磨」，事實上是可以磨練出來的。

◎我們的耐性跟我們對事情的處理能力和自信能力是有關係的，你的能力愈好，你愈有自信，你當然就是愈有耐心，愈會去處理這樣的一個東西；若你的能力不夠，你的自信心不夠，即使你有耐力，你也會有無力感。所以事實上兩者是相輔相成的，能力、自信心其實都可以培養的，但是先決條件是，個性要比較柔一點的才適合，個性太強的事實上不太適合。

十九、安寧療護是醫學的進步

安寧療護除了是一種醫學的進步之外，更是文明國家及安定的社會之象徵。醫師說：

◎醫學照顧的終極目標，是讓所有病人都可以接受到這種安寧療護，只是因為我們國家的物力、財力、人力等等不夠，我們只好從小處開始。

◎安寧療護就是知道病人的生命已無法挽回了，所以才用症狀治療去提升病人生活品質，這和醫學進步沒有違背。要怎麼減輕病人的症狀，這也是一種醫學進步啊！

◎人到最後那段時間最痛苦！除了生理上病痛，心理也會很沮喪、很悲傷，這時真的很需要人家的照顧，這是我們社會進步到某個階段，發展到某一個階段才有可能的進步。如果在戰亂時代，吃都吃不飽、穿都穿不暖，怎麼可能會注意到這種事，不可能嘛，所以安寧療護是現代的台灣應該要做的事。

◎在臨終照顧上，安寧療護的觀念大概是目前不少先進國家推崇，且較適當的臨終照顧模式。

二十、兒童安寧療護之時機尚不成熟

在台灣，兒童安寧療護還未萌芽，一方面醫療專業人員的知能不足，他們須同時具備小兒科及安寧療護的知能才可提供兒童安寧療護；另一方面，我國社會對兒童的死亡與對成人，尤其是老人的死亡態度迥異，因此在社會大眾與醫療專業皆未準備好之下，發展兒童安寧療護之時機尚不成熟。醫師說：

◎對於八歲、十歲已經知道「死」的觀念的小孩，處理上跟大人不會完全一樣，但在某一方面他們已經知道「死」這種東西，或許可以進入安寧病房。

但很小的小孩在安寧病房會吵，他的反應是非常直接的，痛就哇哇叫，沒吃飯也哇哇叫。我們也怕，也不知道是不是會破壞整個環境，我目前是沒涉獵到這方面的經驗，不敢將小小孩送進安寧病房。

◎究竟小孩子不是大人的縮影，他的思想來自於你完全想像不到的地方，因此如果安寧療護的團隊沒有小兒科的知能，就不能勝任照顧小孩子。

◎照顧小朋友，所掛慮的和大人要掛慮的事情不一樣，所採用安寧療護的方法與步驟是要有所不同。

◎大人是一套系統，小孩是另一套系統，「小兒科在臨終照顧」這一方面台灣沒有人要去接觸它，你沒看到什麼小兒科學會有人來討論這個議題。到底有哪些人有能力來處理這樣的病人，這種人要能講一套學理或理論。台灣到現在還看不出來。我想大家都知道這是一個團隊的運作，大家都有這個共識，但是這方面還有待開發。

◎死亡這個概念，比較小的那一群就不一樣。尤其是還不知道死是什麼的，你怎麼去處理，他根本不知道他明天會怎麼樣，還沒有分離的想法、沒有這種洞察力。

◎我想小孩要做安寧療護，必須先啟發社會上一個開始的觀念，遠比大人難做。

我國社會的風氣未開，兒童的醫療由父母來決定，若父母沒有安寧療護觀念，就成了阻礙。醫師說：

◎在兒童癌症裡面最大的一個關鍵，就是父母對於生命價值的不同認知，這會影響父母對醫療的抉擇。

◎癌症小朋友的父母們會有一個先入為主的觀念，認為死了再生一個就好了嘛，要不然就是找乩童或是中醫看。我想會這樣大多是社會賦予與父母的權柄。他該多做「一點點」，若是對長輩，我想他們不敢這樣，他的考量會特別多。這就是為什麼很多父母都放棄不願意治療，寧可再生一個健康的小孩，不要一個缺陷的，我想有這種觀念在裡面。社會沒有給家長壓力，他們就會放棄、不治療是很正常的。

◎我一直覺得小孩子不受尊重。尤其在台灣這種敬老尊賢的社會，沒有「幼吾幼以及人之幼」的強調。小孩沒有什麼人權，小孩子治療與不治療是取決於父母。這觀念其實是不太對的。

二十一、安寧病房氣氛太沉重

許多人不喜歡轉到安寧病房是因為其沉重的氣氛，與別床病人去世時帶來的影響。

醫師認為：

◎有低氣壓的感覺，可是我覺得安寧病房不應該是這樣子的！整個氣氛很悶，就會有很大的壓力。

◎如果說安寧病房給病人有一些心理上的衝擊，通常是氣氛的緣故。我不是很喜歡那種沉重氣氛，那種氣氛很怪！

◎有時候他剛好轉過來就有一床過世，另外又有一床過世。家屬會擔心病人會不會失去求生意志。或是這裡有人在唸經，這氣氛給他們的感覺很沉重。

二十二、安寧病房的「環境治療」

雖然有些醫師認為安寧病房氣氛太沉重，對病人造成壓力。但另有些醫師則認為就是因為有別床病人去世的提醒及示範作用，而可促使病人／家屬善加利用所餘時間，好好準備死亡，形成一種「環境治療」。

◎我們的安寧病房提供一些讓病人適應他的疾病的機會，也就是說，引導、指導病人以後怎樣適應：他已經到了臨死的狀態，就好好準備死亡。

◎如果這個家屬還沒有心理準備，當然你就是要趕快一直跟他講，講到他有心理準備。如果他已經知道、很清楚，那倒不用刻意去跟他講。

◎對所有人都有一個安撫的作用，不管是醫療人員、病人本身，還是家屬，讓他有這種過渡期，讓他有一個在情緒上、心理上比較緩和的一個程序。

二十三、其他

以上二十二項是歸納多數醫師對安寧療護的看法。以下三點則為少數醫師的意見：

(一)安寧療護使醫病關係更深刻

◎在全人、全家的照顧下你可以了解到病人的整個家庭背景，就會慢慢融入你的感覺，就會投注多一些感情在這一群病人的照顧上。一般的急診醫師，就比較不會有這樣的感受。

◎時間增加就可以做更多不同層面的醫病溝通，甚至進入到病人的心理層面。
◎跟家屬談得愈多，他們的接受程度會愈好。

（二）安寧病房會增加病人的恐懼

◎病人若自知病情，更將生活在恐懼裡頭，跟你強顏歡笑。他開始自己算日子慢慢走掉，你說他們會準備我也不相信。這段期間他永遠是在恐懼。
◎死亡真正的痛苦是在那個恐懼，恐懼到極點才會憂鬱。
◎病人不是害怕死亡那一刻。從知道死亡到真正要死亡的這段期間才是真正可怕的時機。

（三）外科醫師希望斬草除根，因此較少投入安寧療護的領域

◎我們外科的病人跟內科的病人不一樣，我們外科的醫師態度比較積極，在一個瘤還沒擴散以前能把它拿掉是最好的。所以最重要的是，你看一個病人的時候希望他還沒擴散出去，就來找我們做治療，所以我們都希望大部分的病人開完刀，病人回去以後快快樂樂地再回來。

第九章　對醫師及醫學生的建議

有一次我與肝病權威王醫師一同為醫學系一年級的學生上課，在課堂中王醫師有感而發地興嘆道：「一旦患了肝病，其實大多數病人是無藥可治的！而且很多病都這樣！」當時坐在第一排一位非常認真聽課的男同學，在坐立不安數分鐘後，終於舉手發難：「老師！你傷害了我的心！我讀醫就是想濟世救人，所以才這麼辛苦地考進醫學系。今天我們才剛進來讀一年級，你就講這麼灰心喪志的話，教我們怎麼再讀下去啊！」

醫學生，以為醫學是萬能的，憧憬著披上白袍扮演生命的救星；住院醫師，開始從雲端降下到人間，領悟醫學的限制，但仍企盼自己醫藝精進，能救治更多的人；資深主治醫師，彎下腰、低下頭，謙卑地承認有好多事醫學不可為，好多人醫師無法治。從醫學系一年級，到資深的主治醫師，如果都要靠每人自己辛苦摸索，何不建構一套優良的教學呢？

當問到五十六位醫師對於「醫師與生死」這樣的主題，在醫學系的教育及醫院的在職教育中，有何建議時，每位受訪的醫師都發表了許多高見。綜合所有的醫師建議，分為下列八項說明：

一、動機與興趣的引起

醫師是「自主性極高」的專業，每位醫師因其個人的風格、觀念，及背景不同，而有一套自己的醫療模式。臨終與死亡的議題必須要能引起醫師的動機與興趣，否則醫師可能「不屑一顧」。以下是引起醫師動機與興趣的建議：

（一）在醫學系低年級時，播下「生死學」的種子，對「安寧療護」有最基本的初步概念。在醫學系六至七年級時，最好能安排到安寧病房實習一段時間，有親身接觸的體驗。

（二）安寧病房可以召請醫學系一至二年級的學生來做「志工」，在功課還不太繁重的低年級，有「情感教育」(affective education) 的機會。

（三）有些課題是在現代醫學系的課程中，及醫院的在職教育中皆缺乏的，例如病人身體症狀的處理、醫病溝通、病情告知、病人心理的支持，與靈性照顧。這些課題若能設計得生動活潑，用實際的案例說明，且實用性高，對醫師的醫療生涯必有助益。

（四）可以利用各科醫學會的年會開辦相關臨終醫療的教育課程，或是請「台灣安寧緩和醫學學會」與其他各個醫學會一起辦理合作性的再教育，如此才能影響不同專科醫師之了解與認同。

（五）有醫師建議在國家醫師執照考試之中，加入臨終照顧的題目，如此是促使醫學生們增強學習動機的最捷徑方法。

（六）敦請所有為醫學生及醫師上課的教師們，在講解疾病的時候，如：心臟病、癌症、運動神經元疾病等等時，都要加入「人」的成分，從人本醫療帶到死亡與臨終的議題，將心靈層面納入教材內容，讓醫師體會到醫師不是只「醫病」或「醫身」，而是「醫人」。

（七）住院醫師的繼續教育之中，需要加入臨終照顧的課程，並有規定的學分時數，如此才有一個「正式教育」的感覺，並引起學習動機。

（八）最快速的教育方法是邀請醫院中各科部的主任，先有臨終照顧或安寧療護的理念，再由主任傳播下去。

（九）教學醫院必須要有一個「安寧病房」，雖然床數不多，但對院內的醫療同仁，能收「耳濡目染」之效，無形中的死亡及臨終照顧教育，對所有的學生及同仁都具教育功能。

二、定期性的繼續教育

醫療是一種「實用的科學」（applied science），因此最有效的教學或印象深刻的教育方法，常是用「案例分析與討論」。此外，醫學生與醫師們皆是「讀書高手」，給予他們精選的文獻資料，或參與醫學會、院際性、全院性及科別性的定期文獻閱讀與案例討論，自然能夠影響、吸收，假以時日，必能收效。尤其是用臨終病人或死亡的案例，若在案例討論中整合身、心、靈，以「人」的角度關懷、體會病人的想法與感受，融入病人的情境，就是最佳的人本醫療教育途徑。

三、年齡與經驗的影響

醫師其實都在處理生命與死亡的問題，但醫師們認為對生死學的興趣與年齡、經驗、家庭背景、個性及所唸的書，特別是非醫學的書籍皆有關係。以下是醫師的話：

◎有一天當你發現，血壓高起來了，或者是血脂肪過高，或者心臟病，或者癌症，當你發現這些的時候，你就會覺得生命好像已經發出警告的訊號了，我想那個時候可能的心境又跟我現在不一樣。我想很多人當面對生命受到威脅的時候，會想到過去、未來、家人，那時候他可能會願意用所有一切換取自己的健康，讓自己能夠多活一陣子。

◎覺得人生無常，現在年紀比較大了能體會「無常」這種感覺。人隨時會死。

◎很多年紀大的醫師，人生經驗比較豐富，閱歷多，病人看得很多，有愛心和耐心，他就馬上可以轉到臨終照顧。心最重要，有那個心，就可以和病人家屬結合得很好。

◎比較年輕的時候，你看得會比較近，一切都只看到現在，沒有想到比較後來的發展，比較不會想這麼多，當你做久了以後你就會慢慢比較成熟，會想到死亡的人生課題。

◎有些人會去慢慢體驗，不過等到他體驗到的時候可能已經年紀很大了，像A醫師，以前沒人教他，可是他會去做；像B醫師，以前也沒人教他為什麼會去做。可能他們年輕的時候還沒注意到這些，而是經過歲月的累積，看盡人生百態，看了很多病人之後，他們覺悟了，他們覺得應該去強調。但如果從醫學生的時候就教這些的話，讓醫師早點認清這些事實，強調安寧療護，對病人也是很好啊！

◎要念死，就是常常要想到死，你才能夠對事情的看法有改變。

◎也許是還沒到達死亡，會覺得自己離死亡很遠，所以沒有那麼強烈的欲求，沒有那麼強烈的害怕，也許哪一天病得很重的時候，或車禍怎樣的，比較接近死亡，可能我感受又不一樣了，但目前雖然偶然會想起死亡，但認為離我還很遠，不需要想。

◎那些資深醫師都已經 well educated（充分教育）了，你就不用再去教育他們，倒是下面那些一直輪調的醫生才需要。至於剛剛出道的年輕醫師所在意的往往是如何賺錢、怎樣去建立他的事業、如何去學一些高科技的東西，他們根本不會去想到那些死亡的東西。

◎對資深醫師來說很難改變，而且到我們這種階段大家都已經定形了，你再怎麼教他，他也是照原來的去做。隨著人生經歷會改變啦！自己真的碰到了才會改變。碰到病人的死亡感受不太深，要真正碰到自己家人，他才會有較深感受。

◎怎樣關懷人，我想是跟家庭有關，不一定跟教育有關，但是，教育的課程中，我想應該有怎樣照顧病人的課程，一年級到七年級畢業，我看我們要怎樣去讓他能夠多培養一些愛心，或能夠關心別人，我想這個是滿重要的。

◎我現在對臨終的學習，一般都是根據以前的經驗和從報章得到的一些靈感，或者是閱讀一些書籍，大部分是非醫學的書籍。

◎我一直在強調一定要去看病人，只要你去看病人就可以學到很多，不是去與病人「打哈哈」。要親自去照顧病人，至少跟病人培養感情、培養臨床的感覺。

◎在不干擾病人的情況下，我很希望學生真的能接觸安寧病房，當他在修這些課程的時候，能活生生去接觸一些瀕死的病人。

四、邀請各科醫師融入臨終照顧

只有靠安寧病房來照顧臨終病人是「杯水車薪」，絕無法滿足廣大病人群的需要，也無法引起多數醫師的關注，因此最好的方法是邀請其他各科醫師來參與或合作照顧臨終病人，如同以下醫師的建議：

◎直接的方法就是照會的方式，由外科直接照會內科，在這個時候，內科就可針對病人考慮安寧療護的選擇。在這階段就可以跟來照會的醫師或他的主治醫師做這方面的再教育。

◎醫生是一種專業，所以專業知識很重要。當一個有能力的醫師，就是盡量盡醫學知識，把病人的病醫好，不是說一開始就是臨終醫療，「能力」比「慈悲」更重要。若邀請有能力的醫師一起來照顧臨終病人，是對病人最大的福祉。

五、善用媒體的宣導力量

有些醫師對於生死學、臨終照顧、安寧療護的知識，許多都是從媒體上獲得的，因此利用媒體的宣導力量及教學教材，將是一個有效的途徑。醫師說：

◎要跟醫師們解釋臨終病人的照顧，我想不會很困難，因為現在的資訊愈來愈發達。

◎請有知名度的醫師積極推廣這樣的教育，藉著他的宣傳，使大家對安寧療護漸漸有一些認識。

◎直接跳開醫院的系統，如果能力夠的話。資訊夠的話，你直接讓它變成社會的知識，然後會挑戰醫師去知道這種觀念。

◎直接去找第四台溝通，讓安寧療護變成一系列的演講。比如說趙老師就上第四台去談，談什麼？談安寧照護，讓民眾變得有興趣，回過頭來「挑戰」醫院，醫院逼得非讓醫師去學習。

◎除了演講上課之外我還會讓他們看一些錄影帶，有個錄影帶是日本NHK公司拍的，是關係到正宗佛教跟死亡的觀點，同學看完後可以一起討論，從醫學科學的角度來看死亡觀點。

六、老師的身教與言教才能真正改變醫師

在「醫師與生死」的課題上對於醫學生與住院醫師的教育，老師本身的修為、身教、言教、毅力與堅持扮演了關鍵的功能。以下是醫師的意見：

◎醫師老師的言語，他的言教、身教都會影響到跟他的那個醫師，如果住院醫師碰到病人死亡的話，要看他所跟的主治醫師怎麼樣作為，住院醫師就會怎麼樣學習。

◎在醫學院，我想身教比較重要，你課堂上講的那些都是為了考試；學生都是為了考試，除非這個學生他自己有那個 insight（洞悉力），他想要去學，這樣是最好的。

◎我們應該很早就開始給我們學生灌輸有關於死亡的這方面的事情，比如大一、大二或高中生一進來，慢慢給他灌輸這方面的觀念，就是說生命和死亡本來就是一體兩面，死亡其實是沒有辦法摒除掉的一個事情。從觀念上可以從小就給他灌輸一個比較健康的思想。

◎醫護人員或從事這種緩和療法的人，他對各方面的，除了醫學常識之外，有很多東西要掌握。要去了解台灣習俗，像有關人文各方面的，整個要去應對，你沒有這麼多的經驗就很難去跟臨終病人溝通；還有情緒要控制，要了解他們的心理，有時候要互相退一步，去關心他們，慢慢讓他們了解你在關心他們。

◎就是類似要修學分、要登記，每個醫師雖然都有各自的領域，但還是要安排一些整體性的課程。老師有這些觀念，醫學生才會用。老師教的，跟他們到臨床去看的不同，上課的幫忙就不大，所以問題還是必須從老師改造起。這是個現實問題，院長有沒有果斷到能做這樣的決定、要求。如果大家都不要做壞人，沒人要做，沒人敢做，大家都不做，就永久不會改變了。

◎老師本身就很重要。有時候有些醫師沒有這種修為，有些醫師就是很怕事情，有些醫師很不負責任，這樣的話就會愈教愈爛。

◎到底環境出了什麼問題，可能有另外的重點。大改善會比較困難，但有時候我們能夠做的，像趙老師，只做那一小部分，儘量去做，慢慢慢慢累積那就夠了。

◎在學生時代對一些資深的老師常常比較景仰，他們的言行舉止比較容易存在學生的心中。

七、師父領進門，修行在自身

老師雖重要，但同一位老師卻教出截然不同的學生。因此事實上是「師父領進門，修行在自身」，學生個人的因素才有決定性的影響：

◎當病人有什麼問題的時候，他就在那邊等著看別人做什麼事情，很多醫師的心理是這個樣子，有時候是住院醫師，他沒有辦法做什麼。基本的訓練都還不太夠，你也不曉得怎樣去教他，因為他的意願也不夠，他也不太能夠吃苦。

◎大家都把希望放在住院醫師，住院醫師要變成像我這樣有感情、有深度，又這麼冷血，要二十年。

◎有些課能讓學生多了解什麼是安寧緩和醫療，對臨終病人照顧上的一些觀點，這個是可以討論的。慢慢經過時代的演變，可能觀念不一樣，所以你現在跟他討論，他自己會想。修行靠自己，通常這種事情都要靠很多自己的經歷，他遇到的事情，他遇到的親人的死亡，或是他的病人，才有很深的影響。

八、醫學教育太著重技術層面

資深的醫師們回顧自己所受的醫學教育，發現真的缺少人文素養與反省能力的培育。藉著臨終照顧的議題可以彌補此缺陷。

◎學校老師頂多從觀念上教導學生，包括護理系的學生也一樣，告訴他們醫療是有限度的，對病人應從整體來看，不是只治療一個疾病。在這個學習過程當中，給他們這樣一個觀念，要怎樣去培養出對於生死的認知，我想，很難說從課本上達到目的。在自己真正遇到的經驗當中，慢慢去反省，或是遇到死亡事件，通過經驗，你就會自己成長。

◎人文課程需要加強，醫學生不只是學習醫學的技能而已，人文方面若可以加強就加強更好，對以後的醫療多少會有影響。因為若在求學過程中完全沒有接觸人文，整個人就變成一部看病的機器。

◎不一定要去上生死學，多接觸人文的東西，培養自己的人生觀，就是你對人的看法。對生死的看法，應該要先有一個基本的生死觀，你能夠認清生命真正的價值在哪裡的時候，你就可以比較接受死亡的來去。

◎醫師常說沒有時間陪病人或家屬談論死亡，是因大部分醫師在觀念上沒有發現這是一件重要的事，就是我們的醫學教育還是比較著重技術的層面。

第十章　對社會大眾的建議

一個國家社會或文化對生死的觀念常深深地影響到個別的病人、家屬，及醫師。當代台灣視「死亡」為「禁忌話題」，我們就可具體而微地在醫院中看到，家屬如何要求醫師要對臨終病人隱瞞病情，病人就這樣糊裡糊塗死亡，造成生死兩憾的局面。當問到五十六位醫師在「死亡與臨終」及「安寧療護」的議題上，對社會大眾有何建議時，醫師們表達了下述六個建議：

一、籲請傳媒宣導健康的生死觀與安寧療護

在傳媒的宣導上，其他先進國家已有非常深入及良好的示範。例如近年來美國影

片：《心靈病房》（Wit）、《心靈點滴》（Patch Adams）、《再生之旅》（The Doctor）等等，許多描寫臨終與死亡的感人肺腑影片。日本影片也有許多深度的作品，如伊丹十三執導的《大病人》、《葬禮》，黑澤明執導的《生之欲》等等。西班牙也拍了一部詳細探討「安樂死」問題的影片。其他如韓國近年膾炙人口的連續劇《醫道》、《大長今》，中間有許多對生死大事的反省與醫師倫理的劇情。日本的電視連續劇《白色巨塔》中，更鮮明地描寫醫師對臨終、死亡，與安寧療護的態度。

綜合五十六位醫師對利用傳媒宣導健康生死觀及臨終照顧，善盡社會教化責任的建議如下：

（一）製作有深度的影片及電視劇；

（二）撰寫在網路上流傳的相關文章；

（三）主動召開記者會，發布有關安寧療護的新聞，如：「一碗麵的故事」；

（四）在媒體上開闢相關臨終照顧的專欄，請醫師現身說法；

（五）請醫師接受媒體的專訪；

（六）製作一些媒體的廣告。

二、一般民眾的生死教育及安寧療護的教育

病人及其家屬來自社會的各種不同階層，因此生死教育及安寧療護的全民教育應走進社會各角落，走進社區，用不同的方式、語言、內容、材料去做教育。醫師們的建議如下：

（一）邀請名人來做民眾宣導，且分成不同對象的民眾邀請不同的名人。例如對青少年的教育可請偶像歌手。

（二）製作易讀易懂的小冊子及光碟片，且利用網路廣為流傳。對兒童或青少年可用卡通、動畫故事等吸引人。

（三）安寧療護團隊的人最好能將安寧療護理念，藉生動的故事，向一般民眾做全民教育，例如：台灣人沒有立遺囑及生前預囑的習慣，因此當病人到了末期臨終，無法表達意見時，家屬不知他的意願，造成許多家庭的混亂或悲劇性的結局。藉著這類故事提醒民眾的反省。

（四）舉辦大型的活動，以吸引民眾關注。例如：安寧療護的愛心義賣活動、攝影展、大型的講座、電影展、徵文活動等等。

（五）生死教育應從小學開始。現代的小孩子從媒體接受到很多死亡的訊息，例如打打殺殺的電影或新聞報導，因此更需要健康的死亡教育。從小學老師培養是最快的方式。

醫師們建議師範體系的學校都應加入生死學的課程。

三、制定制度及法律

安寧療護一定不能是「靠一群熱心的人，做一陣子熱心的事」，這樣很快就會煙消雲散；應該是「一群有組織的人，做有制度的事」，如此才能永續經營。有完善配套制度與法令根據，才能源遠流長。對於相關制度與法律，醫師們的意見如下：

（一）有影響力者能親身體驗：當有權力或有名的人對臨終照顧及安寧療護有親身體驗後，登高一呼，很快就可以形成制度與法令。有一位醫師打趣說：「就祈禱重要人物有安寧療護的需要吧！」

（二）現行的制度與法律，如：安寧療護已納入全民健保；醫策會的評鑑制度中，醫學中心必須要有安寧療護的服務；「安寧緩和醫療條例」在特定條件下可以合法地不做心肺復甦急救等等。這些都很好，但仍不完善，還應再設計更完整的制度與法令。

（三）政府應撥一筆研究經費，研究安寧療護在我國的各項配套措施，以使制度能更臻完善。

（四）找立法委員辦公聽會。

四、改變觀念：廣設安寧病房與諮詢單位

若每一個縣市都能夠設有安寧病房，且成為其他醫療人員及民眾的諮詢單位，將迅速的普及民眾教育。當民眾有正確的認知時，也可能反過來推動醫療人員也改變觀念，獲得對臨終照顧的正確認知。

五、各基金會可以合作共襄盛舉

現在社會有許多基金會；有些基金會有錢，卻找不到有意義的事來做。可以請基金會與醫院的安寧病房合作，宣導安寧療護理念與教育。

六、宗教團體的認同與宣導

宗教本身就應對死亡有其解釋與哲學理念。弘揚教義的同時不可能不提到生死大事，臨終病人及其家屬面對死亡時，宗教信仰可以帶來極大的支持力量與內在的平安。因此由宗教界認同並宣導健康的生死觀與安寧療護是最佳方法。

第十一章　醫師面對臨終與死亡的行為反應

王醫師是第二年的住院醫師（R2），他照顧患肝癌的林女士已快一個月的時間。林女士是護理碩士，擔任某醫院的護理長，對檢驗報告的解讀甚為熟悉，因此住院中每週兩次的抽血後，她都會追著王醫師要結果報告。一個月來王醫師也認知了林女士的需要，早上七點抽的血，約九點多等報告出來，王醫師就會主動印出報告，拿去病房給她。

有天，王醫師也依例行事，拿著報告對林女士說：「妳今天的血液檢驗結果是：BUN多少，Creatinine多少（以上是腎功能），GOT多少，GPT多少（以上是肝功能）……」他話還沒有講完，林女士就勃然大怒，罵道：「你根本不夠資格做醫師！你冷酷無情，病人交給你就倒楣了……」一連串的怒罵，使王醫師摸不著頭緒。他趕緊逃出病房，問正在帶學生實習的我說：「趙老師，我到底什麼地方做錯了？以前是她追著問我要報告，現在我主動拿報告給她，卻被她莫名其妙大罵一頓！我到底什麼地方得罪她了？」我拿了報告一看，恍然大悟問題所在，原來林女士前幾週的驗血結果都還算正常，而今天這一張，卻顯示肝、腎功能已急速惡化，也顯示了死亡已逼近。驗血的結果之告知對懂得其中意義的林女士來說，就等於是「死亡的告知」，她有激烈的情緒反應，是正常的。由此可見心思細密、行為謹慎，對醫師是多麼重要的事！

「人」的行為是由他的思想與感情來領導，但是複雜的人性也不見得能「心口如一」，即思想、感情，與行為的一致性。有時候人會把自己的觀念、理想放一邊，行為卻朝另一個方向。在「醫師與生死」的議題上我們已問過了醫師的情懷、觀點及態度，我們也很有興趣的是，當醫師面對自己醫治的病人臨終與死亡時，他們的行為模式為何？以下分為十二項說明醫師的行為。

一、誠實告知家屬病情，至於對病人本身則依家屬的意願

這是我國非常本土性文化特色的部分。在西方歐美國家，因為強調「個人主義」（individualism）與「自主權」（autonomy），醫師通常會告知病人本身他的病情。但在國內，醫師在面對重大疾病或臨終的病情時，家屬為了保護病人，常要求醫師守密，甚

至欺騙，例如：患肺癌說成是肺結核；患胃癌說成是胃潰瘍；患肝癌說成是肝炎或肝硬化。有時醫師怕引起麻煩，就遵從家屬的要求。有一位醫師表達得坦白：「病人反正一定會死，他不會爬起來告你。為什麼不告訴病人真相？因為家屬還活著，若對你糾纏不清，就太麻煩了！」

因此，在病情告知上醫師的行為模式通常有下列兩個重點：

(一)配合家屬的意思，但不能違法

在合法的範圍內醫師一般的行為反應如下：

1. 小兒科的醫師普遍都與家屬，尤其是父母親談病情。小兒科醫師承認直接與小孩子談死亡的知能與經驗皆不足。
2. 醫師會把家庭中的關鍵人物找來，誠實告知這位關鍵家屬有關病人的病情，再由家屬決定是否告知，或如何告知病情。
3. 若家屬決定請醫師隱瞞病情，則醫師每次去看病人的時候，只是表達他目前身體上的症狀與生活的關心，躲避有關疾病進展或死亡的話題。
4. 如果家屬不同意醫師直接告知病人病情，醫師也會鼓勵家屬自己告訴他。

5．若家屬同意，醫師會直接告知病人。如以下這位醫師的做法：

◎有些病人真的是很焦慮很敏感，這時我會把病人與家屬分開；我會跟他說，你先進去裡面，我等一下給你做一下超音波，我就利用這一段時間跟家屬講，看家屬是不是願意讓病人知道。但是如果那個病人還可以接受，我大部分都會告訴病人。

6．安撫家屬情緒：醫師告知家屬後，會給家屬一些安慰，例如：「病人受苦很多，其實死亡也是解脫」、「長痛不如短痛」等等的說詞。

綜合醫師的做法中，可以看出資深醫師已了解遇到生死問題時，會牽涉到很多複雜的因素：病人本身的性格、家庭的支持度與家屬的關係，及其他家庭因素等等。但在醫師所受的教育過程中，並不重視這項問題，因此醫師們大都認為這件事很困難。以下是醫師的表白：

◎以家屬的意見為主要。雖然我不認為這樣子是對的！這讓我深感遺憾。年老的病人向醫生詢問病情的主動性不是那麼高，大部分都由家屬來跟醫師做溝通。一般，至少我啦，都是以家屬的意見為意見。

◎我們沒有辦法決定他們生死的時候，我對我的病人會隻字不提。

◎病人瀕臨死亡之前我會跟家屬講，你要特別注意，病人可能要死亡，你是要在這裡死呢，還是要帶回家去，還是要經過太平間。我們都可以給病人做安排。

◎讓病人跟家屬都要了解，除了疾病要怎麼治療以外，還要注意到其他家屬會吵的問題，比如說財產的分配啦。所以要跟病人和家屬討論生與死的問題，這也牽涉到家屬的態度、病人本身的態度；跟他們溝通，讓他們能接受這項事實。

◎個別差異滿大的，跟家庭的支持強弱、病人本身的承受能力都有關係。我想大原則就是目前的做法：還是關心到他的家屬的想法、看法，注意到不只是治療病，還要知道怎麼解除病人的痛苦，了解他的心情、想法，跟家屬之間的互動。所以基本上還是重視家屬的想法，可以提供一些意見、預防措施、怎麼安排療護等等。

◎我覺得我已經無能為力的時候——當然這種事情是比較殘酷，就要讓家人及早知道，讓家人很從容去安排。若病人不是很老的話，我是覺得病人還是要知道，讓他有一段時間去好好安排他應該安排的事情。最後，當他要死亡的時候，「要不要做很aggressive（劇烈）的治療」，這當然不便跟病人說，通常都跟家屬講。大概很早以前都會跟家屬講，他會面臨怎麼樣的情況，然後我們要做什麼樣的處置。那些處置是為了減少他的痛苦。

◎後來當我成為腫瘤科醫師的時候，我就了解到，有很多不是我的能力可以處理的。現在像那些病人，因為是我親手接觸過的，我可以知道他的預後是怎麼樣，所以我可以事先安排，事先與家屬溝通。

（二）解釋「急救」（CPR）及「不急救」（DNR），最後由家屬決定

我國第六十條醫療法規定所有的危急病人一定要搶救，其法案內文為：「醫院、診所遇有危急病人，應先予適當的急救，並即依其人員及設備能力予以救治或採取必要措施，不得無故拖延。」（二〇〇五年二月五日修正）因此醫師明知對有些末期臨終的病人，做一套心肺復甦急救術毫無意義，只有增加病人臨終時的痛苦，卻無法挽救已走到盡頭的生命，但仍必須「行禮如儀」地將諸般醫療武器加在病人身上，主要仍是擔心家屬會控告醫師未盡力救治。但如今已有了法源依據，我國已於二〇〇〇年通過了「安寧緩和醫療條例」的法案，此法案的主要內容如下：

第三條：名詞定義

1．安寧緩和醫療：指為減輕或免除末期病人之痛苦，施予緩解性、支持性之醫療照護，或不施行心肺復甦術。

2．末期病人：指罹患嚴重傷病，經醫師診斷認為不可治癒，且有醫學上之證據，近期內病程進行至死亡已不可避免者。

3．心肺復甦術：指對臨終、瀕死或無生命徵象之病人，施予氣管內插管、體外心臟按壓、急救藥物注射、心臟電擊、心臟人工調頻、人工呼吸或其他救治行為。

4．意願人：指立意願書選擇安寧緩和醫療全部或一部之人。

第七條：不施行心肺復甦術之要件

不施行心肺復甦術，應符合下列規定：

一、應由二醫師診斷確為末期病人。

二、應有意願人簽署之意願書。但未成年人簽署意願書時，應得其法定代理人之同意。

前項第一款所定醫師，其中一位醫師應具相關專科醫師資格。

末期病人意識昏迷或無法清楚表達意願時，第一項第二款之意願書，由其最近親屬出具同意書代替之。但不得與末期病人於意識昏迷或無法清楚表達意願前明示之意思表示相反。

前項最近親屬之範圍如下：

一、配偶。

二、成人直系血親卑親屬。

三、父母。

四、兄弟姊妹。

五、祖父母。

六、曾祖父母或三親等旁系血親。

七、一親等直系姻親。

第三項最近親屬出具同意書，得以一人行之；其最近親屬意思表示不一致時，依前項各款先後定其順序。後順序者已出具同意書時，先順序者如有不同之意思表示，應於不施行心肺復甦術前以書面為之。末期病人符合第一項、第二項規定不施行心肺復甦術之情形時，原施予之心肺復甦術，**得予終止或撤除**。

按此法條，若符合上述條件的病人，就有「自主權」，可以由病人簽署「不急救」的意願書。但在實際臨床上，即使病人意識清楚，且有行為能力，醫師仍然傾向請家屬來簽署「不急救同意書」，原因仍然是因為家屬要求不直接告訴病人，或醫師不知如何啟齒與病人溝通。但受過訓練的腫瘤科或安寧療護醫師就能夠直接與病人溝通，並請病人簽署不急救意願書。以下是醫師的做法：

◎會告訴病人家屬病人現在的情況，以及這段期間會做幾種步驟。假設他無可避免的大概這幾天會走，到底要積極的搶救，還是不要積極的搶救。積極的搶救就是發生心臟停止的時候或呼吸停止的時候要不要插管、打強心針，讓他延續一下子。

◎以前所有事情都儘量做，做到病人最後一口氣嚥下去。現在會知道有些事情是白做的，事實上是沒有意義的。這個事情你跟家屬解釋，跟病人解釋，如果他們能接受，這時候我們就比較不會那麼積極的去救他。

◎以前做法就是反正這樣子我就做，什麼問題來，我就反射回去。可是我這樣做對病人有沒有幫助，我沒有去想這件事情。現在我會去想這樣做對病人有沒有好處及意義。

◎最後我們會跟家屬溝通。病人已經沒有希望的時候，我們沒有必要做一堆心臟按摩、給他一大堆醫療！我是覺得沒有什麼意義。如果他的家人事先能夠接受的話，我就會勸他們放棄急救。

◎後來會覺得根本拉不回來，如果家屬同意，我們就不太積極的救。就是說在一個框框底下你有辦法調整到底要怎麼做。

◎我覺得很多急救的方法對病人都是折磨。只是很多家屬說「不能放棄，不能放棄」，才一直做，但其實你也是知道根本救不起來的，只好犧牲病人，為滿足家屬而已。

◎如果病人快不行了，我們跟他談的是要不要急救，如果已經要死了要不要急救、要不要插管、要不要心肺復甦術。他如果說都不要，要讓自己自然過世，那麼要在我們醫院過世呢，還是回家裡過世。我們會談這方面的問題。

◎我們雖然沒有積極救人，可能我們藥物有在積極的用；藥物就盡量的用，最後那一步，電擊、CPR就不要做。

◎會遵照家屬的意見，他如果要放棄，我們就不做，就拿同意書給他看他要不要簽。但是如果是一些藥物的話，還是會繼續給。

◎基本上這個時代不太可能病人自己簽他要拒絕接受治療什麼的，大部分都是他的家屬，就是彼此之間有一個默契不要做這些事情，因為這些事情都是沒有意義，只是增加病人的痛苦而已。

◎簽署不急救確實是對病人來說會比較好。病人在簽的時候，想法是怎麼樣，狀態究竟如何，還有家屬都必須在場。如果他願意這樣做，我是覺得這個比較恰當一點，不是說簽一簽就算，要誠誠懇懇、真心誠意的表明「我不要急救」，這樣才算數。

◎家屬的意見反而比病人的自主權還要來得大，急救不急救反而是家屬的意見為主。

◎假如我們確實知道真的沒什麼辦法，要挽救也沒辦法，就會先跟家屬說「照這個情形看起來不太有希望」，也許我們會跟他們說「如果下次再發生，需要急救的時候就不要救了」。從評估看來沒有什麼利益，就會跟病人家屬解釋，包括根本不會醒過來，或是血壓要用很強的藥物來支持，如果以後再發生的話，就不要急救。

◎畢竟有接受過訓練，會把所有的家屬，尤其是重要的幾個人，一定要集合在一起商量出一個結果，告訴他們，醫師能做到的限度，他的病情怎麼樣。以前還是住院醫師的時候會想要趕快把人救起來，說不定這個藥物用下去病人更難受，也不管病人併發症怎麼樣。那時還會想用下去，因為總想治好他。

二、盡力救治，拚到底

儘管我國已經立法，在病人的死亡無可避免之下，可以合法地不做急救，但仍有許多醫師認為應該拚到底全力救治。採此種態度者大多為經驗較少的住院醫師，對醫療科技的能力存有很大的憧憬。這些醫師的做法是：

◎除非主治醫師說不要救他。不然以我的立場來講，我應該做的事是病人快要過世時去做ＣＰＲ。這是一定要做的事情。一定要插管，做心臟按摩！那是我的職責！

◎一直拚，非常衝。

◎我對每一個病人都很少放棄希望，如果還有任何一個機會能救治都不能放棄，我的態度是很積極的，我會跟病人一起努力去追求生命。

◎我還是會積極搶救，就是把他救回來，不能消極讓他死掉。

◎我們也儘量救他，我不會馬上說你沒有希望了。我們盡量救他，就是讓他知道醫師這麼樣的努力。

◎我的目的是把他救活或者是維持他的生命跡象而已。

◎如果我是病人家屬的話，我當時沒有盡心治療，我會後悔，我會後悔為什麼沒有給我父親盡量的去治療。

三、減輕痛苦，提升生活品質，協助病人完成希望

另外有些醫師，卻對「拚到底救治」的做法不表同意，而認為醫師除了「救命、治病」之外，還有一個重要的使命或職責，就是「減輕痛苦，提升生活品質」，這也是醫療的目標與本質。當病人的壽限已定，醫師不可能挽回他的生命時，醫師就不必無所不用其極地使用醫療武器。隨著專業的成長與經驗的累積，針對末期臨終病人，醫師認為

重要的做法有下列十點：

（一）醫師的職責之一是：「救苦救難」，因此須儘量緩解病人的痛苦煎熬，做妥善的症狀處理。

（二）減少或刪除不必要、無意義的醫藥，但須給予病人支持療法（supportive treatmeat）。

（三）以病人的舒適為第一考量，可以請專業護理人員盡量提供舒適照顧，使病人在臨終的過程中一路好走。

（四）協助病人完成希望，如小兒科病人可以找「喜願兒協會」，成人的心願也可透過社工等找尋社會資源協助之。

（五）誠懇與病人溝通，能讓病人表達心願，交代清楚，了無遺憾。

（六）促進病人有機會思考生命，活出意義，心靈平安且有寄託。

（七）提供有品質的居家護理，使病人能在自己家中安享天年。

（八）協助心理、情緒，及家屬的需要，使病人能有尊嚴且平靜安穩地去世。

（九）要讓病人及家屬都體會到雖然不可能挽回病人生命，卻看到醫師的用心、關心、盡心。

（十）以樂觀的態度給予病人希望：使病人能珍惜他還活著的每一天，而非隨時讓他準備死的態度。

四、醫師直接與病人溝通，並一起做醫療抉擇

醫學倫理素養高的醫師常能在「醫主權」與「病人自主權」中間做成動態的平衡。若由病人完全自主，常因病人醫療知識的匱乏而做出錯誤的決定。若由「醫主」，則又可能違背了病人的意願。醫師與病人是「夥伴的關係」，而非「從屬的關係」。採取這種態度的醫師，通常有以下做法：

（一）直接與病人溝通，委婉地告知病人病情。

（二）一方面尊重病人的自主權或意願，另方面醫師以醫療專業知識，協助病人做醫療意義的解讀。

（三）醫師將各種治療方法的利弊得失，配合病人個別的病情，分析給病人聽，然後與病人／家屬一起做醫療抉擇。

（四）醫師因為專業的知能與經驗的累積，就像「先知」一樣，能夠預測病人未來的病情發展或可能的變化，以此告知病人／家屬，可使其做好心理上及實質上的準備。

（五）一方面醫師把病人當成朋友，站在他的立場，一方面要以自身的醫學專業及

清楚的邏輯思考，分析病情給病人聽。

（六）轉介到安寧病房。但醫師們表示安寧病房應該要讓各科醫師知道：他們在做什麼？如何照顧病人？成效如何？如此別科醫師在轉介病人及向病人解釋安寧療護的時候，會更有信心，同時不會讓病人感覺有被原來醫師遺棄的情緒。

（七）按照個別病人的不同，醫師用「量身訂作」的方式，給予病人治療計畫。以下是兩位醫師動人的表達：

◎去知道這個病人心理層面怎樣，會很開朗或者會受不了打擊。如果是受不了打擊，我的策略是每天都會去講一、兩句話；如果他心理比較健康，或者是他跟我相當熟，我大概開門見山的講；如果是年輕的病人，我就不管他的心理層面怎麼樣，也會直接講，因為他有太多的事情要處理，以免留下遺憾。

◎醫師覺得怎麼辦就怎麼辦的武斷作風，這種情形應該要慢慢過去了，而現在興起的就是一個醫師必須很詳細地跟病人或病人家屬解釋他的病情、他的預後、他的治療、他的計畫。你必須要有一個很完整的計畫，與病人及家屬溝通，再一起做決定。

五、盡己責任，但與病人情緒隔離

有些醫師很誠實坦白地表示，身為一個醫師盡自己的職責就可以了，不能要求把自己的情感或情緒捲入。以下四位醫師面對臨終病人的態度就是如此：

◎我都不給病人光明或未來。在認知上，這個病人未來會怎麼走，就直接很坦白跟他講，他不聽就請他找別的醫師。

◎慢慢地我在這裡築起一個隔板、一個屏障出來，我事實上跟病人的關係是，只照顧他該做的事情，在心理方面就盡量不去觸及。

◎我很少會再去關心出院的病人是不是還活著，因為我覺得，除非我要寫論文，作一個報告，要不然，你很少能夠跟家屬再做一個很深入的溝通。如果我沒有再繼續治療他的話，我比較少做這一方面的追蹤。

◎我是以「病」的出發點，而不是以「人」的出發點。是疾病導向，做一個醫師的責任就是對付「病」。

六、住院醫師無法主導醫療

當問到住院醫師在面對臨終病人的行為反應時，他們大都回答一切聽命於上級主治醫師。以下是住院醫師的回答：

◎當住院醫師的時候，第一個我沒有權力，第二個我也不了解那個病人。因為那時我的專業，不足以去判斷他會走到什麼樣的地步。

◎我想當住院醫師及實習醫師沒什麼權力，我們只是逃避，或是上面的醫師交代我們做，我們就去做，我們很少面對病人家屬。我們只是該做的事情去做，不用面對病人、家屬。

◎剛開始當住院醫師，你也不知道怎麼對待臨終病人。現在你知道你可以幫他做一些事。

◎住院醫師還不是很懂，因為上面還有主治醫師承擔，你等於替他做工。

七、尋求其他團隊人員一起協助病人／家屬

醫師永遠都是醫療團隊的領袖，好的領袖會知道「有將無兵」是無法成事的。在臨終照顧上，其他醫療團隊人員，如護理、社工、宗教師、心理師、志工，都能發揮很大的功能。對醫師本身的專業，也需要「科際整合」，邀請其他專科醫師的會診，才能提供病人最好的照顧。以下是兩位醫師謙遜卻真實的做法：

◎原則上還是要讓他沒有痛苦。站在醫師的角度，最重要還是肉體上的痛苦。當然社會心理層次或靈性層次的痛苦，我想從醫師的專業來看，這方面是比較弱的地方。若這方面有其他專業一起來幫忙的話，對病人在走完最後這條路上應該會更完滿。

◎我們常常要一起討論，跟很多醫師一起討論，或者要跟外科討論。今天這個病人，心臟壞到這個地步，所有可以用的藥都用上去了，病人還是有問題，那能不能用開刀的方法解決，而開刀的利弊是怎麼樣，都是大家要討論，同時也要參考最新的文獻。

八、全人、全家、全程照顧，永不放棄病人

醫師在累積臨終病人醫療的經驗之後，發現了以下六項行為的重要性：

（一）當病人的病情已達臨終階段時，醫療的目標就要從「治癒」（cure）轉為「照顧」（care）。

（二）即使病人在醫療上已經沒有什麼作為，醫師仍然每天去看他、去查房，表達醫師「永不放棄的關心」，與持續到底的醫病關係。

（三）醫師對病人身體症狀的處理仍是最可著力之處，但當病人到了末期臨終，心理層面、情緒問題，及靈性層面的需要可能更為重要，醫師也要學習如何協助病人的這些需要。

（四）醫師需要花更多時間去了解病人的想法，尤其是對他自己疾病與死亡的想法，這些想法非常影響病人臨終與死亡的情境。

（五）一個病人臨終，全家人都陷入混亂。家屬們各有各的問題與悲傷，尤其是家中的青少年及幼兒，更需要醫療團隊協助處理其悲傷。家庭的評估及提供社會資源，及教導家屬如何照顧病人，是臨終照顧中不可或缺的一環。

（六）醫師們在臨床上真的看到「久病床前無孝子」的現象。病人的病程拖得愈久，家屬會愈疲累，在筋疲力盡之下產生不耐煩的情緒，而病人也因疾病的惡化更形依賴。此時雙方可能會產生衝突，病人滿不滿意，家屬感覺值不值得，很需要醫療人員在中間做為溝通橋梁與協調。

從以上六項的醫師行為，可以發現醫師對待臨終病人不離不棄的全人、全家，及全程照顧。

九、以心體心，將心比心

當我們問到：「做醫師就是要救命治病，當您的病人一個個都去世時，您覺得當醫師有成就感嗎？」醫師說：「當我看到病人的時候把他當成我自己的親人，就覺得比較有成就感。」這是很弔詭的現象，當醫師深刻地去體會病人面臨死亡的心境及家屬的悲傷感情時，就自然地能夠找到病人的問題，了解他們的想法，如此才能真正答覆病人的需要。有一位醫師說得好：

◎就是將心比心，假設你現在坐在病人的位置的時候，你希望醫師怎麼去對待你，你用這種方式對待他那就對了。

十、以寬容的態度對待病人所使用的非正統治療

當人面臨絕望或病入膏肓時，本能地會去找各種方法來為自己保持希望。非正統的治療五花八門，光是分類就有：民俗療法、自然療法、另類療法、輔助療法、能量療法等等。有些醫師一旦知道病人採用了這些治療，就拒絕再給病人正統的醫療。但我們所

訪問的醫師大多採寬容的態度，只要病人不放棄正統醫療，醫師們也就把它當做病人的「精神寄託」，但會勸告病人必須「雙管齊下」，與正統的醫療同時進行。

十一、醫師因應病人要求「安樂死」時的行為反應

當病人向醫師要求：「求求醫師，打一針讓我解脫吧！」到底醫師會有哪些行為反應呢？以下是醫師們最多的行為模式：

(一)醫師會回答：「這是違法的行為，我不能這麼做！」

(二)用「同理心」去感受病人的痛苦，如這位醫師：

◎碰到病人這樣講，我通常是稍微笑一笑，表示說我了解他很辛苦，很痛苦，但是我會跟他解釋說，就目前的法律，我沒有辦法幫他做這個事情。我會請他跟我講他真正的痛苦是什麼，需要解決的問題在哪裡，盡量幫他解決。

(三)醫師若診斷病人已達末期臨終，就會撤離一些維持血壓的「升壓劑」，或不再給予輸血、抗生素等支持療法，並告知家屬：「這些藥劑只是延長病人的軀殼，而不能

延長有意義的生命。」

（四）若病人要求「拔管」，尤其是呼吸內管，醫師就會對病人／家屬說：「要不要請你們自己拔？而不要由我來拔？」家屬若同意，在病人已臨終，且壓著呼吸球、回家去世的情形下，會教導家屬如何放掉呼吸內管的固定氣球，如何拔管。

（五）不會使用「加工致死」的方法，但會撤除一些「劇烈的處置」（aggressive treatment），並設法找出對病人傷害最小的治療方法。如這位醫師的行為：

◎設法找出好的辦法就是對病人可能有好處，但是傷害不大的醫療，而不會將所有文獻上的任何治療通通給他用上去，這是不正確的。採取對病人傷害最小的、副作用最少的，或是對病人的痛苦最小的治療法，要平衡一切利弊得失。在臨終的照顧，我想應該是盡力而為，盡自己最大的力量。

十二、鼓勵家屬帶病人回家，接受居家療護

因為本書的受訪者皆為醫學中心的醫師，而醫學中心是急性醫療的病床，對於慢性疾病及臨終病人，很多醫師不肯收治，認為會「佔了床位，使其他可以治療的病人住不進來」，因此會勸告病人回家，接受居家療護。其理由如下：

（一）台灣的習俗，死亡最好在家裡而不要在外面，因此臨終病人回家最好。

（二）病人回家照顧，可以減輕家屬的負擔。

（三）有時病人／家屬不肯回家，是因為沒有安全感，因此需要在住院中時，做好妥善的「出院準備」，教導家屬如何照顧病人。發生緊急狀況時，隨時可以返回醫院治療。並為他安排好「居家療護」的資源，如此病人／家屬才可能放心出院。

第十二章　醫師的希望

醫師們在表達了面對臨終與死亡的感受、想法，與行為反應之後，也提出了他們的希望，以下分為六項說明醫師的希望：

一、希望將死亡與臨終照顧的主題溶入醫學教育之中

不少醫師表達對於臨終照顧與死亡的課題，在自己的醫學生涯中「老師未曾教，個人未曾學」，因此遇到時會感到自己不知如何處理，感到愛莫能助，只有逃為上策。醫師感慨地表示：

◎你知道他的痛苦，但是你不知道怎麼辦，做法就是繞過去他的病房不看他。

◎這個病人我知道真的也做不出什麼事情了，我花的時間就會比你知道能治癒的病人少，而且少很多。

◎末期的病人，我就可能把他丟著，先不管，我先救可以救的病人，比較嚴重、可以救的病人先救他。那不能救的或是救了也沒用的，我可能放在邊緣的位置，或是可能不理，讓他自生自滅。

◎他有什麼問題就給他照顧。其實也不知道怎麼照顧，因為老師也不知道怎麼照顧，我們更不知道怎麼照顧，那時候也沒有深入想到這麼多，看到這種病人就覺得說該去了、該去了！

◎我們當然也是盡量幫他，至少解除肉體上的痛苦，這都有在做，但可能效果比較差。

◎現在回過頭來看，很多觀念、做法，跟現在有在關心、有在進一步學習比起來，會覺得有太多缺憾！

◎以前沒有人教我們，沒有人重視，學生時代沒有這種東西，學生時代學的都是病，考試也是考病，從來不會考這個病的病人心裡會怎麼想，沒有這樣的題目。我們經過住院醫師訓練過程，把家庭因素融進去的話，才有這種以人為主的觀念。

上一代已如此，希望這一代及下一代的醫學教育不要重蹈覆轍。

二、希望自己能多涉獵有關生死學及臨終照顧的課題

雖然自己在醫學生及住院醫師的時代，沒有老師教導如何照顧臨終病人，但今天自己已成為醫學老師及資深主治醫師了，不能再去怪上一代，而應對下一代的教育負責，因此靠自己的反省、閱讀、聽講、討論，與自學，使自己進步成長，為病人解決難題，以便使自身成長，也造福學生與病人。醫師說：

◎常常在反省，反省什麼？就是一個病人過世了，總是一個生命，過世的時候總會反省重來一次的話自己會怎麼做。

◎病人變好變壞都會去反省，雖然這樣覺得有點累。但是當病人過世的時候大部分都會做這樣的反省。這種生命交接的事情，我想都要去做一個反省。

◎書有在唸，把書上的用上去，陪伴病人與為病人做些什麼一樣重要。

◎問題一定要解決，病人已經在我們病房，總不能每天看他這個樣子。我會去查書，找資源來為他解決。

◎教學相長，我的病人愈來愈多，這時我可以從病人身上學到一些東西，我自己也會去看一些書，再把這些教給醫學生及住院醫師。

◎不斷充實學問，不斷增加經驗，在處理病人上盡量減少併發症，評估預後走向。眼睛就是要放亮一點，不應該開的藥就不要開，這樣去把不平衡關係扭轉過來。

◎只要目標是對的，需求是存在的，那就去做，至於做的技巧、做的方法就要慢慢去摸索、去學習。

◎醫學有時而窮。看到很多病人，其實已經知道他是什麼病，可是醫學就是幫不上忙，幫不上忙我們只好盡力解決他的痛苦。

◎我覺得安寧療護在理念上與我的很一致，加上我本身對老人醫學比較有興趣，因為老人慢慢走向死亡這條路，雖然一直想辦法醫療他的疾病，但死亡仍是無可避免的，而我有興趣去了解他。長期下來各種疾病的臨終病人都有，所以這方面的知識，對我來講應該是很重要的學習。

三、希望與病人／家屬的溝通與應對能更熟練

有些醫學系在低年級時有開設「溝通」的課程，但學生大多認為「溝通有什麼好學

的？」，因此蹺課、遲到、早退、上課打瞌睡或做別的事，將此門課視為「雕蟲小技」、「營養學分」。及至年齡漸長，臨床經驗累積，醫師才發現「溝通」是醫療生涯成功的主要關鍵之一。若一位醫師才高德厚，但與人溝通不良，也不能很成功，尤其現代我國的醫療生態，一個醫師只能用三至五分鐘看一個病人，因此「溝通的品質」更形重要。醫師希望自己在「醫病溝通及應對」上，能更加熟練。如這位醫師說：

◎我們只看病人那一段小小的時間，對我感觸很深，我相信現在的我在那一段時間做的事情應該是比我以前，比較漫不經心所做五分鐘、十分鐘來得不一樣。所以我現在雖然時間也很短，我沒有辦法做到這麼長的，跟病人家屬這麼長的接觸，但我相信內容及品質，應該是比以前要好。

四、希望醫學中心的病床與設施能更有效運用

台灣目前是醫療資源過剩，有些中小型社區醫院因病人來源的減少，面臨生存的危機與壓力。醫師們希望這些醫院能轉變經營型態，提供慢性與臨終病人的長期照護並提供更好的服務，如此將構成三贏的態勢，即：

社區醫院贏：贏得病人的來源與口碑。
醫學中心贏：贏得病床更靈活的運用。
病人贏：贏得適當的醫療照顧與歸屬。

◎像現在幾乎人人都在上班，請一個菲律賓籍看護要一萬八千塊，事實上你把病人放在慢性病房，還有醫師幾乎每天可以看他，然後緊急狀況還可以照顧他，最後還可以開死亡證明，這樣的話一個月付個二至三萬，家屬何樂而不為！

五、希望安寧療護能提供高品質的照顧

許多醫師雖然自己不參與安寧療護，但也樂觀其成，尤其是當他一直醫治的病人有需要，而自己也無法提供他適當的服務時，醫師特別希望轉介過去的安寧療護團隊，能真正把病人照顧好，否則不但會感覺對不起病人，以後也不敢再轉介了。畢竟不能治癒且有痛苦的病人有這麼多，因此希望安寧療護的品質與數量都能提升。

六、希望社會的整體醫療經濟學能從長遠考量

談到醫療經濟的觀點，雖然醫師們都承認我國的全民健保是世界少有的德政，也的確造福民眾。但不可否認現時的保險設計有很多問題，健保的給付策略也間接影響到醫師的福祉。照顧一個臨終病人，須「全人、全家、全程、全隊」地照顧，成本相當高，醫師所花費的時間與心力，和其所收入的薪水不成正比。尤其是現今各醫院紛紛實行PF（Patient Fee，即醫師的薪水按所收治的病人數而定）之下，願意照顧臨終病人的醫師實在不多。醫師很坦白地表達：

◎如果保險設計告訴你看三個病人和三百個病人拿的錢一樣多，你要看三個還是三百個？當然是三個嘛！當我看三個病人的時候是不是時間就多了，理論上醫師覺得說「我不想看那麼多，但我必須要好好的看」，他才會回過頭來注意「人」的部分。第一個要給他時間，第二個法律規定我就是要看「整個人」，如此才能真正照顧好病人！

結論

醫師這一行，是社會人人稱羨的行業。但是，又有誰知道醫師生活中的辛勞與壓力？醫師天天與生老病死為伍，扮演著救苦救難的角色，卻又不是神，不能治好所有病人的病，拯救所有病人的命。若病人死亡，有些家屬還會訴諸法律、抬棺抗議，造成醫師精神上與實際上巨大的困擾。尤其台灣法律，對待醫師非常不友善，若醫師敗訴，可能會有刑法侍候。這是先進國家所沒有的現象，先進國家對待醫師，只用民法，不用刑法。但是絕大多數的醫師並不考慮這些事，他們熱愛醫療，將之視為個人的志業，從醫病關係中獲得深深的滿足。當醫師的資歷達到一定程度，他就會有更大的自由度，按他自己的人生觀與價值觀來做選擇，如這一位醫師所言：

◎你名氣一大，病人愈多，病人愈多就讓你更忙碌，但你到最後一定會精緻化，你會想你到底想要得到什麼東西。必須在教學、服務、研究三個之間取得一個平衡點，這很重要。

如果民眾能更了解醫師的難處，體諒他們的辛勞，定會締造更良好的醫病關係，如此不但能鼓勵更多的良醫、仁醫，亦是全體病人的福祉。本書的目的也就是在此！

附錄

台灣醫界的重點一直放在「救命、治病」，對於「命無法救，病不能治」的病人，其實一直欠缺思考或好的政策。台灣的民俗，當病人已病入膏肓，死亡已無法避免時，家屬常希望帶病人回家「壽終正寢」。然而此時因病人並非是在醫師允許可以出院的穩定情況下，因此常請病人或家屬簽署一份「住院病人自動出院志願書」（AAD：Against Advice Discharge）。此份志願書措詞生硬冷漠，完全沒有對臨終病人的疼惜（見附表一）、對家屬的同感。後來有幸賴其萬教授與我同為衛生署倫理委員會之委員，在賴教授的指導下，我們合力完成了另一份「住院病人臨終出院意願書」，經過委員們的討論及官員之修正，已於二〇〇六年十月公告。其中措詞委婉，富有慈悲情，當病人／家屬簽署時，才會感覺溫馨。以下是這些表格的對比。（見附表二及附表三）

藉著接觸眾多醫師的經驗，我更肯定我國的醫療充滿希望，因為我們有許多術德兼備的好醫師！

表一：「住院病人自動出院志願書」（AAD：against advice discharge）

住院病人自動出院志願書

具志願書人　　現年　　歲　　省　　縣市人，住址

職業　　今本人身患病症，雖未痊癒，現有私人原因不能繼續留住　貴院診治，要求自動出院。出院後如病症有發生任何轉變等意外情事，概與　貴院無涉，僅具志願書如左：

如病患意識混沌或病劇不能自簽者及未成年者須由親屬或其關係人代簽並加具說明

立志願書人姓名：　　簽章

身分證號碼：

住址：

電話：

與病人之關係：

中華民國　　年　　月　　日

表二：住院病人臨終出院意願書（病人填寫）（衛生署二〇〇六年十月十六日公告）

格式一

（醫院名稱）

住院病人臨終出院意願書

本人＿＿＿＿因病情無起色，希望回到自己最熟悉及溫暖的家中，在親人環繞下安詳寧靜地善終。期望　貴院成全本人心願，同意本人出院。若返家後有困難及疑問，將與　貴院聯絡，並請貴院適時提供協助。

病人姓名：
身分證號碼：
住址：
見證人姓名：
身分證號碼：
住址：
電話：
與病人的關係：

中華民國　　年　　月　　日

表三：住院病人臨終出院意願書（家屬填寫）（衛生署二〇〇六年十月十六日公告）

格式二

（醫院名稱）

住院病人臨終出院意願書

病人的親友因病人＿＿＿病情無起色，希望回到自己最熟悉及溫暖的家中，在親人環繞下安詳寧靜地善終。期望　貴院成全本人心願，同意病人出院。若返家後有困難及疑問，將與　貴院聯絡，並請　貴院適時提供協助。

病人姓名：

身分證號碼：

住址：

立意願書人姓名：

身分證號碼：

住址：

電話：

與病人的關係：

中華民國　　年　　月　　日

AQUARIUS

寶瓶文化叢書目錄

寶瓶文化事業有限公司
地址：台北市110信義區基隆路一段180號8樓
電話：(02) 27463955
傳真：(02) 27495072 劃撥帳號：19446403
※如需掛號請另加郵資40元

系列	書號	書名	作者	定價
Vision 給你新的視野，也給你成功的典範	V001	向前走吧	羅文嘉	NT$250
	V002	要贏趁現在——總經理這麼說	邱義城	NT$250
	V003	逆風飛舞	湯秀璸	NT$260
	V004	失業英雄	楊基寬・顧蘊祥	NT$250
	V005	19歲的總經理	邱維濤	NT$240
	V006	連鎖好創業	邱義城	NT$250
	V007	打進紐約上流社會的女強人	陳文敏	NT$250
	V008	御風而上——嚴長壽談視野與溝通	嚴長壽	NT$250
	V009	台灣之新——三個新世代的模範生	鄭運鵬、潘恆旭、王莉茗	NT$220
	V010	18個酷博士@史丹佛	劉威麟、李思萱	NT$240
	V011	舞動新天地——唐雅君的健身王國	唐雅君	NT$250
	V012	兩岸執法先鋒——大膽西進，小心法律	沈恆德、符霜葉律師	NT$240
	V013	愛情登陸計畫——兩岸婚姻A-Z	沈恆德、符霜葉律師	NT$240
	V014	最後的江湖道義	洪志鵬	NT$250
	V015	老虎學——賴正鎰的強者商道	賴正鎰	NT$280
	V016	黑髮退休賺錢祕方——讓你年輕退休超有錢	劉憶如	NT$210
	V017	不一樣的父親，A+的孩子	譚德玉	NT$260
	V018	超越或失控——一個精神科醫師的管理心法	陳國華	NT$220
	V019	科技老爸，野蠻兒子	洪志鵬	NT$220
	V020	開店智慧王	李文龍	NT$240
	V021	看見自己的天才	盧蘇偉	NT$250
	V022	沒有圍牆的學校	李崇建・甘耀明	NT$230
	V023	收刀入鞘	呂代豪	NT$280
	V024	創業智慧王	李文龍	NT$250
	V025	賞識自己	盧蘇偉	NT$240
	V026	美麗新視界	陳芸英	NT$250
	V027	向有光的地方行去	蘇盈貴	NT$250
	V028	轉身——蘇盈貴的律法柔情	蘇盈貴	NT$230
	V029	老鼠起舞，大象當心	洪志鵬	NT$250
	V030	別學北極熊——創業達人的7個特質和5個觀念	劉威麟	NT$250
	V031	明日行銷——左腦攻打右腦2	吳心怡	NT$250
	V032	十一號談話室——沒有孩子「該」聽話	盧蘇偉	NT$260
	V033	菩曼仁波切——台灣第一位轉世活佛	林建成	NT$260
	V034	小牌K大牌	黃永猛	NT$250
	V035	1次開店就成功	李文龍	NT$250
	V036	不只要優秀——教養與愛的27堂課	盧蘇偉	NT$260
	V037	奔向那斯達克——中國簡訊第一人楊鐳的Roadshow全記錄	康橋	NT$240
	V038	七千萬的工作	楊基寬	NT$200
	V039	滾回火星去——解決令你抓狂的23種同事	派崔克・布瓦&傑羅姆・赫塞 林雅芬譯	NT$220
	V040	行銷的真謊言與假真相——吳心怡觀點	吳心怡	NT$240
	V041	內山阿嬤	劉賢妹	NT$240
	V042	背著老闆的深夜MSN對談	洪志鵬	NT$250
	V043	LEAP！多思特的不凡冒險 ——一段關於轉變、挑戰與夢想的旅程	喬那森・柯里翰 余國芳譯	NT$230

系列	書號	書名	作者	定價
Vision 給你新的視野，也給你成功的典範	V044	陪你去環島——一個父親送給兒子的畢業禮物	盧蘇士．盧蘇偉	NT$240
	V045	主播遇見CEO	蕭裔芬	NT$250
	V046	看見孩子的叛逆	盧蘇偉	NT$240
	V047	捧著企管書的豬老闆	坎尼斯．塔克＆凡達娜．歐曼 胡引玉譯	NT$200
	V048	移動的學校——體制外的學習天空	李崇建著	NT$280
	V049	老店翻新大作戰	好鄰居文教基金會著	NT$240
	V050	盲鬥士——柯燕姬傳奇	陳芸英	NT$250
	V051	看見男人——搞定你的老公與兒子	盧蘇偉	NT$250
	V052	一個癌症媽咪給兒子的遺書	夏學曼	NT$250
	V053	鮮活人生——小故事，妙管理	李錫津	NT$260
	V054	搶先佈局十年後——2017華人未來地圖	劉威麟	NT$250
	V055	這就是我的堅持——楊基寬與104傳奇	楊基寬．顧蘊祥	NT$250
	V056	愛會傷人——寫給父母的內心話	盧蘇偉	NT$260
	V057	囚室之春	施明德	NT$360
	V058	盲眼媽媽一顆心	薛以柔	NT$240
	V059	飛行少年——一輪千里環台挑戰	盧蘇偉．莊忠勳	NT$290
	V060	道德——幸福的必要條件	林火旺	NT$280
	V061	Money Game——金錢遊戲	吳均龐．劉永毅	NT$280
	V062	趙老大玩癌症	趙慕嵩	NT$250
	V063	所以，我愛上了狗	曹燕婷	NT$210
	V064	蔡國南的金生金飾	蔡國南．陳芸英	NT$280
	V065	三財一生——金牌教練教你同時健康、快樂又有錢	管家賢	NT$260
	V066	開一家大排長龍的店	李文龍	NT$260
	V067	醫師與生死	趙可式	NT$260

國家圖書館預行編目資料

醫師與生死 / 趙可式著. -- 初版. -- 臺北市 : 寶瓶文化, 2007.07
面 ; 公分. -- (Vision ; 67)

ISBN 978-986-6745-00-3(平裝)
1. 生死學 2. 生死觀 3. 人生哲學

191.9 96012799

Vision 067
醫師與生死

作者／趙可式

發行人／張寶琴
社長兼總編輯／朱亞君
主編／張純玲
編輯／羅時清
外文主編／簡伊玲
美術主編／林慧雯
校對／羅時清・余素維・陳佩伶・趙可式
業務經理／李婉婷 企劃專員／林歆婕
財務主任／歐素琪 業務專員／林裕翔
出版者／寶瓶文化事業股份有限公司
地址／台北市110信義區基隆路一段180號8樓
電話／(02) 27494988 傳真／(02) 27495072
郵政劃撥／19446403 寶瓶文化事業股份有限公司
印刷廠／世和印製企業有限公司
總經銷／大和書報圖書股份有限公司 電話／(02)89902588
地址／新北市五股工業區五工五路2號 傳真／(02)22997900
E-mail／aquarius@udngroup.com

法律顧問／理律法律事務所陳長文律師、蔣大中律師
如有破損或裝訂錯誤，請寄回本公司更換
著作完成日期／二〇〇七年六月
初版一刷日期／二〇〇七年七月二十四日
一版十三刷日期／二〇一七年十二月五日
ISBN／978-986-6745-00-3
定價／二六〇元

AQUARIUS 寶瓶 文化事業

愛書人卡

感謝您熱心的為我們填寫，
對您的意見，我們會認真的加以參考，
希望寶瓶文化推出的每一本書，都能得到您的肯定與永遠的支持。

系列：V067　　**書名：醫師與生死**

1.姓名：＿＿＿＿＿＿＿　性別：□男　□女

2.生日：＿＿年＿＿月＿＿日

3.教育程度：□大學以上　□大學　□專科　□高中、高職　□高中職以下

4.職業：＿＿＿＿＿＿＿

5.聯絡地址：＿＿＿＿＿＿＿＿＿＿＿＿＿＿＿

聯絡電話：(日)＿＿＿＿＿＿＿(夜)＿＿＿＿＿＿＿

(手機)＿＿＿＿＿＿＿

6.E-mail信箱：＿＿＿＿＿＿＿＿＿＿＿＿

7.購買日期：＿＿年＿＿月＿＿日

8.您得知本書的管道：□報紙／雜誌　□電視／電台　□親友介紹　□逛書店　□網路
□傳單／海報　□廣告　□其他

9.您在哪裡買到本書：□書店，店名＿＿＿＿＿　□劃撥　□現場活動　□贈書
□網路購書，網站名稱：＿＿＿＿＿＿　□其他＿＿＿＿＿

10.對本書的建議：(請填代號　1.滿意　2.尚可　3.再改進，請提供意見)

內容：＿＿＿＿＿＿＿＿＿＿

封面：＿＿＿＿＿＿＿＿＿＿

編排：＿＿＿＿＿＿＿＿＿＿

其他：＿＿＿＿＿＿＿＿＿＿

綜合意見：＿＿＿＿＿＿＿＿＿＿＿＿＿＿＿＿＿＿＿＿

11.希望我們未來出版哪一類的書籍：＿＿＿＿＿＿＿＿＿＿

讓文字與書寫的聲音大鳴大放

寶瓶文化事業股份有限公司

（請沿此虛線剪下）

廣　告　回　函	
北區郵政管理局登記	
證北台字 15345 號	
免貼郵票	

寶瓶文化事業股份有限公司　收

110 台北市信義區基隆路一段 180 號 8 樓

8F,180 KEELUNG RD.,SEC.1,

TAIPEI.(110)TAIWAN R.O.C.

（請沿虛線對折後寄回，謝謝）